1636년 춘신사로서 심양을 다녀온 사행일기
윤행임의 〈나덕헌〉과 홍경모의 〈나덕헌전〉 수록

북행일기
北行日記

羅德憲 원저 · 申海鎭 역주

보고사
BOGOSA

머리말

　이 책은 17세기 신흥강국으로 떠오른 후금이 청나라로 국호를 바꾸며 황제라 칭하려는 시기에 때마침 심양을 다녀오며 기록한 사행일기를 번역하고 주석한 것이다. 그 텍스트는 나덕헌(羅德憲, 1573~1640)이 1636년 춘신사로서 2월 9일부터 4월 29일까지 수행한 사행일기인 〈북행일기(北行日記)〉이다.

　나덕헌은 전라남도 나주 출신이다. 『심행일기』(보고사, 2020)의 머리말에서도 이미 언급했듯 공교롭게 호남 출신 사람이 수행한 사행일기들이 여럿 있는데, 이번이 네 번째 역주서이다. 곧, 보성 출신 선약해(宣若海, 1579~1643)가 1630년 4월 3일부터 5월 23일까지 위문사로서 수행한 일기 『심양사행일기(瀋陽使行日記)』(보고사, 2013), 장흥 출신 위정철(魏廷喆, 1583~1657)이 1631년 3월 19일부터 4월 30일까지 회답사로서 수행한 일기 『심양왕환일기(瀋陽往還日記)』(보고사, 2014), 강진 출신 이준(李浚, 1579~1635)이 1635년 1월 20일부터 4월 15일까지 춘신사로서 수행한 일기 『심행일기(瀋行日記)』에 이은 것이다. 이 외에도 만포 첨사(滿浦僉使) 군관(軍官) 신충일(申忠一, 1554~1622)이 1595년 12월 22일부터 1596년 1월 5일까지 군관으로서 답서를 가지고 가 전달하고 누르하치의 회첩을 받고 돌아온 일련의 과정을 기록한 일기 『건주기정도기(建州紀程圖記)』(보고사, 2017)가 있다.

나덕헌은 이성 현감(尼城縣監)을 지낸 나사침(羅士忱)의 여섯째아들이다. 무과에 급제한 후 선전관이 되었다. 1624년 이괄의 난 때 도원수 장만(張晚) 휘하에서 종군하여 안현(鞍峴) 싸움에서 승리하였다. 몇 차례 사신으로 후금의 심양에 다녀왔다. 1628년 봉산 군수(鳳山郡守), 1631년 길주 목사(吉州牧使)를 지내다가 덕천(德川)에 유배되기도 하였다. 곧 풀려나 1635년 창성 부사(昌城府使)와 의주 부윤(義州府尹)을 지내고, 1636년 다시 심양에 갔다.

이때 나덕헌은 회답사(回答使) 이확(李廓)과 함께 심양에 춘신사로 간 것인데, 뜻밖에도 후금의 태종은 국호를 청(淸)이라 고치고 황제(皇帝)를 칭하며 남교(南郊)에서 즉위식을 거행하였다. 이에, 하례(賀禮)를 완강히 거부한 것이 육박전을 벌인 듯해 의관이 다 찢겨진데다 부서졌으며 머리카락이 어지러이 헝클어졌다고 한다. 그 모습이 귀신인지 사람인지 분간할 수 없었다거나, 엎드려 죽은 시체인 강시(僵尸)와 같았다고 묘사될 정도였다. 거듭된 구타와 회유에도 끝내 거부하였는데, 그 와중에 후금이 국서를 주어 귀국하게 했지만 그는 내용을 알기 전에는 국서를 받을 수 없다고 거절하였다. 그러자 후금은 100여 명의 기병으로 통원보(通院堡)까지 호송하며 국서를 보냈는데, 나덕헌은 후금 기병의 호위가 풀리자마자 통원보의 호인(胡人)에게 국서를 맡기고 귀국하였다. 이러한 과정을 기록한 것이 〈북행일기〉이다.

　이러하였음에도 남교의 즉위식에 하례한 것으로, 또 황제참칭(皇帝僭稱)의 국서를 받아온 것으로 오해가 생겼다. 평안도 관찰사 홍명구(洪命耉)를 비롯하여 삼사(三司)와 조복양(趙復陽) 중심의 성균관 유생들이 논핵하였고, 영의정 김류(金瑬)까지 가세하였다. 그 당시 이조판서 김상헌(金尙憲)의 변호로 말미암아 백마산성(白馬山城)으로 유배되었다.

　그 후, 심세괴(沈世魁)의 주문(奏文), 병자호란 때 청태종(淸太宗)의 나덕헌 발언, 《어제전운시(御製全韻詩)》의 주(注), 조선사신 항절도(朝鮮使臣抗節圖) 등으로 인하여 그의 억울한 누명이 벗겨졌다. 그리하여 황윤석(黃胤錫, 1729~1791)의 행장(行狀), 김양행(金亮行, 1715~1779)의 시장(諡狀), 이덕무(李德懋, 1741~1793)의 일사장(逸事狀), 홍양호(洪良浩, 1724~1802)의 묘갈명(墓碣銘) 등이 지어졌다. 이에 더하여 박제가(朴齊家, 1750~1805)의 〈이확·나덕헌전(李廓·羅德憲傳)〉, 윤행임(尹行恁, 1762~1801)의 〈나덕헌〉, 홍경모(洪敬謨, 1774~1851)의 〈나덕헌전〉, 그리고 《장암유집(壯巖遺集)》 권5에 수록된 박회원(朴會源, 1746~?)의 〈병자국신사전(丙子國信使傳)〉, 이수중(李受中, 생몰년 미상)의 〈나통어사전(羅統禦使傳)〉, 이장재(李長載, 생몰년 미상)의 〈나통어사전〉, 최시준(崔時濬, 1754~?)의 〈충렬나공전(忠烈羅公傳)〉, 이익(李熤, 1813~1851)의 〈증병조판서나공사적(贈兵曹判書羅公事蹟)〉 등의 전류(傳類)가 지어졌다.

이러한 문헌적 변주의 근저에는 나덕헌이 손수 기록한 〈북행일기〉가 존재하고 있다. 이것이 가전(家傳)되어 오다 그의 문집 《장암유집》 권2에 수록된 사행기록이다. 이 유집은 7권 3책의 목활자본으로 1924년 후손 나도선(羅燾線)에 의해 간행되었다. 1912년 나덕헌의 8대손 나기한(羅琪漢)의 서문, 1923년 김복한(金福漢)의 서문, 1924년 이병도(李炳燾)의 발문이 있다. 권1에 전문(箋文) 4편, 권2에 〈북행일기〉, 권3에 〈통어영록(統禦營錄)〉, 권4에 행장(行狀)·시장(諡狀)·묘갈명(墓碣銘), 권5에 전류(傳類) 5편, 권6에 만장(輓章)·건륭전운시(乾隆全韻詩)·증시사적(贈諡事蹟)·건사사적(建祠事蹟)·충렬사상량문(忠烈祠上樑文)·변무사적(辨誣事蹟)·기문(記聞)·유사(遺事)·포증(褒贈)·기발류(記跋類)·호남절의록(湖南節義錄), 권7에 나씨삼강문중수기(羅氏三綱門重修記)·연보(年譜) 등이 수록되어 있다. 그리고 끝에 반계공유적(潘溪公遺蹟)·영암공유적(靈巖公遺蹟)·언양김씨행적(彦陽金氏行蹟)이 붙어 있다.

이렇다면 나덕헌의 〈북행일기〉가 시원적 자료라 할 수 있을 것이다. 후금을 교린의 상대로만 여기려 했지만 끝내 사대의 대상으로 인식할 수밖에 없도록 하는 마지막 단계로 넘어가는 시기에서 그것도 병자호란이 일어나기 바로 직전에 나덕헌이 겪어야 했던 외교 현장의 생생한 모습이 그려져 있다. 이에 대한 정치한 독해가 이루어지기 위해서라도 정교한 번역이 필요한바, 나름대로 최선을 다하고자 했다. 그러나 여전히 부족할 터이라 대방가의 질정을 청

한다. 또한 나덕헌의 항절이 어떻게 수용되었는지 살피도록 윤행
임의 〈나덕헌〉과 홍경모의 〈나덕헌전〉도 아울러 번역하여 수록하
였다. 17세기 민족수난기의 실기문학(문헌)이 어떤 방식으로 전개
되는지 살피도록 하기 위해서였다.

　끝으로 편집을 맡아 수고해 주신 보고사 가족들의 노고와 따뜻
한 마음에 심심한 고마움을 표한다.

2020년 5월 빛고을 용봉골에서

무등산을 바라보며 신해진

일러두기

이 책은 다음과 같은 요령으로 엮었다.

01. 번역은 직역을 원칙으로 하되, 가급적 원전의 뜻을 해치지 않는 범위 내에서 호흡을 간결하게 하고, 더러는 의역을 통해 자연스럽게 풀고자 했다.

02. 원문은 저본을 충실히 옮기는 것을 위주로 하였으나, 활자로 옮길 수 없는 古體字는 今體字로 바꾸었다.

03. 원문표기는 띄어쓰기를 하고 句讀를 달되, 그 구두에는 쉼표(,), 마침표(.), 느낌표(!), 의문표(?), 홑따옴표(' '), 겹따옴표(" "), 가운데점(·) 등을 사용했다.

04. 주석은 원문에 번호를 붙이고 하단에 각주함을 원칙으로 했다. 독자들이 사전을 찾지 않고도 읽을 수 있도록 비교적 상세한 註를 달았다.

05. 주석 작업을 하면서 많은 문헌과 자료들을 참고하였으나 지면관계상 일일이 밝히지 않음을 양해바라며, 관계된 기관과 여러분들께 진심으로 감사드린다.

06. 이 책에 사용한 주요 부호는 다음과 같다.

    1) (   ) : 同音同義 한자를 표기함.
    2) [   ] : 異音同義, 出典, 교정 등을 표기함.
    3) "   " : 직접적인 대화를 나타냄.
    4) '   ' : 간단한 인용이나 재인용, 또는 강조나 간접화법을 나타냄.
    5) 〈   〉 : 편명, 작품명, 누락 부분의 보충 등을 나타냄.
    6) 「   」 : 시, 제문, 서간, 관문, 논문명 등을 나타냄.
    7) 《   》 : 문집, 작품집 등을 나타냄.
    8) 『   』 : 단행본, 논문집 등을 나타냄.

07. 나덕헌과 관련한 논문과 학위논문은 다음과 같다.

「洪敬謨 〈羅德憲傳〉 분석」, 이군선, 『동방한문학』 45, 동방한문학회, 2010.
「〈羅德憲傳〉 연구」, 박기성, 원광대학교 교육대학원 석사학위논문, 2012.

차례

북행일기北行日記

북행일기
北行日記

1636년 2월

2월 9일。

출발하였다.

丙子二月初九日。

發行。

2월 16일。

평양(平壤)에 도착하였는데, 일행의 말과 마부가 대부분 미처 정돈되지 않고 게다가 후금의 사신이 나왔다는 소식을 들었기 때문에 끝내 평양부에서 계속 머물렀다.

十六日。

到平壤¹, 則一行馬夫, 多未整齊, 而且聞胡使²出來之報, 因遂留連³於府中。

---

1 平壤(평양): 평안남도 도청 소재지. 大同江에 면해 있으며 관서지방의 행정, 경제, 문호, 교통의 중심지이다.
2 胡使(호사): 후금에서 오던 사신을 낮잡아 일컫던 말.
3 留連(유연): 객지에 머물러 돌아가지 않음. 계속 머무름.

2월 17일.

평양(平壤)에 머물렀다. 저녁이 되어 용골대(龍骨大)·마부대(馬夫
大)·익합(溺哈) 세 오랑캐가 순안(順安)으로 들어오지 않고 곧장 평
양에 도착하여 곧바로 일어나 가보려 했으나, 날이 저물어 그렇게
하지 못하였다.

十七日。

留平壤。臨夕龍馬溺三胡[4], 不入順安[5], 直到平壤, 卽欲起時
往見, 而日暮未果。

---

4 龍馬溺三胡(용마익삼호):《承政院日記》14년(1636) 2월 23일조에 의하면, "호차 용
골대·마부대·익합□ 등 세 장수가 거느리고 온 종호 196명 가운데 서달이 144명이
고 종호가 52명인데, 서울에 들어왔다.(胡差龍骨大·馬夫大·溺哈□等三將, 率從胡
一百九十六名內, 西㺚一百四十四名, 從胡五十二名入京.)"고 되어 있어, 용골대·마
부대·익합□임을 알 수 있음. 그러나 溺에 대해 온전한 이름을 알 수가 없어 '익합'으
로 번역한다. 黃胤錫이 지은 〈行狀〉에는 吳曹音 또는 梧木道라 하는데, 금나라 사람
들이 일컫는 吳超를 우리나라 사람들은 溺將이라고 한다고 하였다.
龍骨大(1596~1648)는 他塔喇 英固爾岱(Tatara Inggüldai)인데, 명나라에서는 잉어
얼다이(英俄爾岱) 혹은 잉구얼다이(英固爾岱)라고 부른다. 그는 청나라 개국 시기의
유명한 장군이면서, 동시에 理財와 外交에 밝았던 것으로 유명하다. 1636년에 사신
으로 仁祖妣 韓氏의 조문을 왔을 때 후금 태종의 尊號를 알리면서 군신의 義를 강요
했으나 거절당하였다. 그 후 1636년 12월에 청나라 태종의 지휘 하에 청이 조선 침략
을 감행할 때 馬夫大와 함께 선봉장에 섰다.
馬夫大는 1636년 병자호란 때 조선에 침입한 장수이다. 후금 때부터 사신으로 여러
차례 조선을 왕래했다. 1635년 후금의 친서를 가지고 조선에 오기도 했다. 병자호란
때는 청태종의 막료로 와서 행패가 심했다.
5 順安(순안): 평안남도 평원 지역의 옛 지명. 平壤府 西村이었다.

2월 18일。

평양(平壤)에 머물렀다. 아침 식사 후에 가서 용골대(龍骨大)를 만나보니, 용골대가 날씨 인사를 나눈 뒤에 말했다.

"칸(汗)의 분부 가운데에 우리들로 하여금 이 나라의 사신과 함께 갔다가 함께 들어오라 하시어서, 사신은 우리들과 함께 경성(京城)으로 되돌아가기를 바라노니, 우리들의 일이 끝마쳐지기를 기다렸다가 일시에 함께 가는 것이 마땅하오."

내가 대답했다.

"어명을 받든 신하로서 이미 궐문에 하직 인사를 올렸거늘 중도에 길을 바꾸는 것은 본분에 합당하지 않으니, 진실로 마음대로 그대들의 말을 따를 수는 없소이다. 게다가 이번 예단(禮單: 예물 단자)의 수가 종전에 비하여 더 많고 일행과 마부가 때마침 아직 정돈되지 않았는데, 만약 행장 꾸리는 것을 다 마치고 마부와 말을 징발할 때까지 기다려야 한다면 그 사이의 날짜는 절로 지체될 수밖에 없나니, 용장(龍將: 용골대) 등은 뒤쫓아 올 수 있을 것이오."

용골대가 발끈 성내며 말했다.

"칸(汗)의 명이 매우 준엄하여 우리들은 결단코 명을 어기고 그로 하여금 먼저 할 수는 없소. 만약 사신이 내 말을 따르지 않고서 억지로 앞서 가겠다면, 우리들도 또한 응당 여기서 발길을 되돌려야지 경성을 향해 갈 필요가 없소."

내가 대답했다.

"용장(龍將: 용골대)이 감히 칸(汗)의 명을 어기지 못하는 것과 또한 내가 감히 조정의 명을 어기지 못하는 것은 조금도 차이가 없는데도, 용장(龍將)이 단지 칸(汗)의 명만 믿고 우리들로 하여금 어명을 내버리는 데까지 이르게 하는 것은 스스로 계획을 삼는 데는 비록 좋으나 남을 위하는 데에는 어긋나지 않겠소이까?"

용골대(龍骨大)가 말했다.

"사신의 말도 일리가 있는 듯하나, 다만 우리들이 올 때에 이미 통원보(通遠堡)를 지키는 장수에게 분부하여 그로 하여금 사신의 일행을 막도록 했으니, 사신이 비록 혹시라도 먼저 가도 또한 필시 통원보에서 저지를 당할 것이오. 사신이 만약 조정으로 되돌아가는 것을 어렵게 여긴다면, 잠시 이곳에 머무르면서 우리들이 돌아오기를 기다리는 것도 괜찮소."

그들이 굳게 고집을 피우는 모습과 공갈하는 조짐은 한둘이 아니라 매우 많았다.

또 관서백(關西伯: 평안도 관찰사 홍명구)이 서달(西㺚)을 금하고 예단(禮單)을 받지 않았기 때문에 극도로 성을 발칵 내어 흉포하고 도리에 어그러짐이 매우 심하였다. 나는 즉시 만나는 것을 파하고 돌아와 그대로 오랑캐 사신들이 굳게 고집을 피우는 뜻을 글로 조정에 아뢰고서 갈 것인지 머무를 것인지 결정하려 하였다.

十八日。

留平壤。朝食後, 往見龍胡, 則龍胡敍寒暄後, 卽曰:"汗分付

內, 使吾等偕本國使臣, 同爲入來, 使臣幸與吾等還入京城, 待
吾竣事[6], 然後一時同行宜當." 余答曰: "奉命之臣, 旣辭闕門, 則
中途改路, 分而不當, 固不可任意聽從矣. 且今番禮單之數, 比
前有加, 而一行馬夫, 時未整齊, 若待行具之畢治, 人馬之調發,
則其間日子, 自爾稽延[7], 龍將等可以追及之矣." 龍胡勃怒[8]曰:
"汗令最是嚴峻, 吾等決不可違令而使之先往. 若使臣不從吾
言, 强欲前進, 則吾等亦當從此回還, 不必向去京城耳." 余答曰:
"龍將之不敢違汗令, 亦與吾之不敢違朝令, 少無異同, 而龍將只
欲依汗令, 至使我遺棄王命, 自爲計則雖善, 而其於爲人也, 獨不
錯耶?" 龍胡曰: "使臣之言, 亦似有理, 而但吾等來時, 已爲分付
通遠堡[9]守將, 處使之拒使臣之行, 使臣雖或先往, 亦必見阻於通
遠堡矣. 使臣若以還朝爲難, 則姑留于此處, 以待吾等之還, 亦
可矣." 其堅執之狀, 恐喝之端, 不一而足. 又以關西伯[10]之禁塞

---

6 竣事(준사): 사업을 끝마침.

7 稽延(계연): 지연시킴. 시간을 끎.

8 勃怒(발노): 발끈 화를 냄.

9 通遠堡(통원보): 중국 요동지역의 군사 요충지인 동팔참의 하나로 조선 사행단의 행
   로 중 하나.

10 關西伯(관서백): 洪命耉(1596~1637)를 가리킴. 본관은 南陽, 자는 元老, 호는 懶齋.
   1619년 알성문과에 장원을 하고, 여러 벼슬을 거쳐 1633년 우승지, 1635년에 대사간
   ·부제학, 1636년 평안도관찰사로 나아갔다. 그해 병자호란이 일어나자 慈母山城을
   지키다가, 적병이 남한산성을 포위했다는 소식을 듣고서 勤王兵 2,000명을 거느리
   고 남하하던 중, 金化에 이르러 적의 대병과 맞닥뜨렸다. 1637년 죽음을 무릅쓰고
   싸워 적 수백 명을 살상한 끝에 전사하였다.

西㺚不受禮單之故, 極發慍怒[11], 暴悖最甚。余卽罷還, 仍以胡差
堅執之意, 稟啓朝廷, 以定去留。

2월 19일。

평양(平壤)에 머물렀다. 이른 아침에 용골대(龍骨大)가 정명수(鄭
命壽)와 김돌시(金乭屎)를 보내어 서로 만나기를 청하였다. 내가 또
객관에 가서 만나니, 용골대가 몹시 성을 발칵 내고 말했다.

"우리들은 이미 봄 통신사(通信使)가 되어 조상(弔喪)하고 치전
(致奠)하러 오면, 무릇 내가 데리고 온 사람들은 임의로 데리고 가
는 것이 마땅한데 감사(監司)가 서달(西㺚)을 금하고서 나를 수행
하여 스스로 가지 못하도록 하니, 이것은 우리를 업신여겨 그런
것이오."

내가 대답했다.

"차사(差使: 오랑캐의 사신을 일컬은 말)의 일행은 단지 통신사이어
서 데려오는 수가 혼잡할 필요가 없는데도, 이번 차사의 일행은 수
가 종전에 비해 더 많은데다 타국의 사람까지 또한 많이 데려왔으
니, 변방을 지키는 신하의 도리로 어찌 조정에 아뢰어 차사의 일행
이 들어가도록 해도 되는지 허락 여부를 구하지 않을 수 있겠소?

---

11 慍怒(온노): 성을 발칵 냄.

용장(龍將: 용골대)과 마장(馬將: 마부대) 두 장수는 전례에 따라 먼저 가고, 익장(溺將: 익합)은 두 서달(西㺚)을 거느리고 잠시 이곳에서 머무르며 조정의 분부를 기다린 후에 가도 또한 늦지 않을 듯하오."

용골대(龍骨大)가 말했다.

"서달은 달리 맡은 바가 있어 기필코 같이 간 다음에야 의논해서 할 수 있을 것이니, 서달로 하여금 이곳에 떨어져 머무르게 하고서 우리들이 먼저 스스로 전례를 따를 수 없소."

내가 그 맡은 일을 물으니, 처음에는 말하지 않으려 하다가 이내 말을 했다.

"기왕 그 까닭을 물으니, 응당 자세히 말하겠소. 우리나라는 이미 대원(大元: 몽골)의 50여 왕자를 얻었고 토지가 매우 광활하며 병사와 백성들이 또한 많으니, 하늘의 뜻이 모이고 백성들의 마음이 모였소. 우리나라의 제장(諸將)들과 제왕자(諸王子)들은 칸(汗)께 존호(尊號)를 더하여 공명을 드러내려고 하는데, 귀국은 곧 형제의 나라로 형으로서 아우에게 이를 숨기는 것은 마땅하지 않소. 때문에 여기에 서달을 데리고 온 것은 이 일을 강정(講定)할 때에 의논하려는 것이오. 귀국의 왕자와 왕제(王弟: 왕의 동생) 중에서도 또한 마땅히 우리나라에 들어가서 하례해야 할 것이오."

내가 즉시 대답했다.

"용장(龍將)은 어찌 이와 같은 말을 하는 것이오? 서달은 이미 천조(天朝: 명나라)를 배반하고 금국(金國: 후금)에 투항해 빌붙어서 오로지 칸(汗)의 명만 따르기를 그만둘 수가 없소. 그러나 우리나라는 단지 화친(和親)을 맺어 형제라 칭하고 예의를 마땅히 하는 것을 장차 지킬 따름이지, 어찌 칭호(稱號)에 대한 일이 있다고 하여 왕자제(王子弟)들을 하례하도록 들여보내야 한단 말이오? 금국(金國)이 우리나라를 투항한 서달(西㺚)의 무리에 견주어보니, 또한 통탄할 일이 아니겠소?"

용골대(龍骨大)가 또 말했다.

"서달의 사람들은 남조(南朝: 명나라)의 형세가 이미 기울어 천명이 금국(金國)에 돌아간 것으로 보았기 때문에 그와 같이 하였으니, 천명을 알고 형세를 아는 자라 이를 만하오."

내가 말했다.

"무릇 신하가 임금을 섬길 적에 형세의 경중을 보고 자신의 지조를 바꾸면 천지 사이에 스스로 설 수가 없을 것이니, 우리나라는 단지 예의를 스스로 지키려는 것이지 권세와 이익에 달려가 따를 줄 알지 못하겠소? 서달이 말한 천명과 형세는 우리나라가 듣고자 하는 것이 아니라오."

용골대는 다시 아무런 대답하는 바가 없더니, 또 말했다.

"귀국이 비록 대상(大喪: 인조 왕비의 상)을 당했을지라도 예단(禮單: 예물 단자)은 본래 잔치하여 즐기는 도구가 아니니 받지 않을 까닭이 없을 듯한데, 감사(監司: 홍명구)는 상사(喪事)가 있음에 의탁하여 우리가 보낸 것들을 물리치니, 사람을 기다리게 하는 도리

가 어찌 이와 같을 수 있소? 우리들은 밤새도록 부끄러워 얼굴 둘
데가 없었소."

내가 대답했다.

"이는 바로 용장(龍將: 용골대)이 먼저 신의를 잃게 해놓고 어찌
남을 나무라는 것이오? 무릇 상례(喪禮)의 의식은 명분이 있는 뒤
라야 괜찮은데, 이번 예물은 이미 명분이 없소. 또 품속에 넣어두었
던 것이 만약 사적으로 보내는 물건이라면, 감사가 어찌 마음 편히
그것을 받을 수 있겠소?"

용골대(龍骨大)가 버럭 성을 내며 말했다.

"감사가 한 일을 나는 따지고 싶지 않으니 모름지기 다시 말하지
마오."

이렇게 말하며 몹시 화를 내는 기색이 있어서, 나는 즉시 만나는
것을 파하고 돌아왔다.

十九日。

留平壤。早朝, 龍胡送鄭命壽[12]·金乭屎請相見。余又往館見
之, 則龍胡多發慍怒, 而言曰: "吾等旣爲春信[13], 吊奠[14]而來 則凡

---

12 鄭命壽(정명수, ?~1653): 병자호란 당시 청나라에 조선의 사정을 밀고한 모반인.
평안도 殷山 출신이다. 할아버지는 鄭之謙이고 아버지는 鄭阮이다. 賤隷 출신으로
성품이 교활하였다.

13 春信(춘신): 春信使(춘신사). 1627년 정묘호란으로 말미암아 後金과 형제국의 맹약
을 맺고 매년 봄·가을에 보내던 사신. 그들의 수도 瀋陽에 가서 朝貢을 바쳤다. 봄에
가던 사신을 춘신사라 하고, 가을에 가던 사신을 秋信使라 한다.

14 吊奠(조전): 弔喪하고 致奠함. 이때 仁祖의 왕비 仁烈王后가 1635년 12월 9일에 승하

吾所帶之人, 所當任自率行, 而監司禁塞西㺚, 勿令陪我而自行, 此是輕侮[15]吾等而然也." 余答曰: "差使之行, 只爲通信, 則帶來之數, 不必濫雜 而令此差行, 比前有加, 他國之人, 亦多率來, 其在邊臣之道, 豈不可禀知朝廷, 請其許入與否乎? 龍馬兩將則依例先往 而溺將則領兩㺚姑留于此, 待朝家分付後進往, 似亦未晩也." 龍胡曰: "西㺚別有所管, 必須同行而後, 可以議爲也, 不可使西㺚落留于此, 而吾等先自前追也." 余問其所管事, 則初不肯言, 旋于發說曰: "旣問其由, 當仔細言之. 我國已得大元五十餘王子, 而土地最廣, 兵民又衆, 天意有屬, 民心已歸矣. 我國諸將及諸王子, 欲立汗號, 以顯功名, 貴國乃兄第之國也, 不當以兄而隱弟. 故率此西㺚而來, 以爲論議講定之時. 貴國王子王弟中, 亦當有入往相慶之事矣." 余卽答曰: "龍將何發如此之說耶? 西㺚則旣叛天朝, 投附金國, 一依汗令, 在所不已. 我國則只結和好, 稱以兄弟, 當以禮義, 將守而已, 豈有見稱號之事而入送王子弟相慶耶? 金國欲以我國比視於投降西㺚之輩, 不亦痛乎哉?" 龍胡又曰: "西㺚之人見南朝之勢已傾而天命有歸金國, 故如是爲之, 可謂知天知勢者也." 余曰: "凡人臣之事君也, 見勢之輕重, 易吾之所操, 則不可自立於天地之間, 我國只以禮義自持, 而不知

하자, 後金과 西㺚의 사신들이 그 장례를 조상하려 한 것이다. 인열왕후는 韓浚謙의 딸로 淸州韓氏이다.

15 輕侮(경모): 남을 하잘것없이 보아 모욕하거나 업신여김.

趨循乎勢利? 西㺚之所謂天與勢, 非我國之所欲聞也." 龍胡更無
所答, 又曰: "貴國雖遭大喪, 禮單自非宴樂之具, 則似無不受之
理, 而監司托以有喪, 却我所饋, 待人之道, 何可如是? 吾等達夜
慚置顏無地." 余答曰: "是乃龍將之先失也, 何必責人耶? 凡喪禮
之儀, 有名而後可 而今者禮物, 旣無其名. 又納于懷中, 有若私
饋之物, 監司豈得晏然而受之乎?" 龍胡遽怒曰: "監司所爲, 吾不
欲提言, 須勿復道." 多有咆勃[16]之色, 余卽罷歸。

2월 20일.

평양(平壤)에 머물렀다. 먼동이 트기 전의 이른 새벽에 정명수(鄭
命壽)가 용골대(龍骨大)의 말을 전하러 와서 권인록(權仁祿)이 자신들
과 함께 경성(京城)으로 되돌아가게 해달라고 청하였다. 나는 일이
있다고 핑계하여 보내는 것을 허락하지 않으니, 정명수가 굳이 청
하면서 말했다.

"만약 보내기를 허락지 않으시면 용장(龍將: 용골대)은 반드시 화
를 벌컥 낼 것이고 재앙을 만드는 단서가 아닐 수 없으니, 그 청을
들어주는 것만 못할 것입니다."

내가 하는 수 없이 허락하자, 정명수가 즉시 되돌아갔다. 나는

---

16 咆勃(포발): 咆哮. 화를 냄.

바로 권인록(權仁祿) 호역(胡譯)을 불러서 말했다.

"이번 오랑캐들의 행동거지가 지난날에 비해 달라진 것이 있으니, 너는 또한 함께 가서 상세히 엿보고 살피는 것이 좋겠다."

권인록은 그대로 예예 하고 갔다. 이날 용골대(龍骨大) 등은 마침내 서달(西㺚)을 데리고 떠나갔는데, 감사(監司: 홍명구)는 그들을 금할 수가 없었다.

二十日。

留平壤。曉頭鄭命壽以龍胡之言來, 請權仁祿欲與偕還京城。余托以有故, 不爲許送, 命壽固請曰:"若不許送, 則龍將必發慍怒, 不無生梗之端, 不如從其請矣。"余不得已許之, 命壽卽爲還去。余仍招權譯而言曰:"此虜等形迹, 有異於前日, 汝且偕行, 詳細伺察爲可。"仁祿依諾而去。是日, 龍胡等竟率西㺚發行而去, 監司不得禁之。

2월 21일。

평양(平壤)에 머물렀다. 마부와 말을 징발하는 일로 여러 고을의 수령들이 있는 곳에 엄히 독려하였으나, 단지 상인의 무리들이 오랑캐 차사(差使)의 행동거지가 지난날과 다른 것을 보고 중도에서 관망만 할 뿐 기꺼이 응모하지 않았다. 마부와 말을 책임지고 차출하려 해도 형편이 지체될 수밖에 없어 매우 걱정되었고 근심스러웠다.

二十一日。

留平壤。以夫馬調發事, 嚴督于諸邑守令處, 而但商賈輩, 見胡使等形迹, 異於前日, 中路觀望, 不肯應募。夫馬責立[17], 勢當遲滯, 最爲憫憂。

2월 20일부터 28일까지。

평양(平壤)에 계속 머물렀다. 일행과 마부가 비로소 정돈되어 일일이 점검하니, 그 가운데 상인들이 고용한 말은 아직도 수를 채우지 못하였지만, 이것은 출발한 뒤에 지나가는 길의 각 역참(驛站)에서 거느리고 갈 계획을 생각하였다.

二十二日至二十八日。

連留平壤。一行夫馬, 始得整頓, 而一一點考, 則其中商賈等雇立[18]馬, 猶未充數, 此則發行後, 以爲歷路站站[19], 率往計料。

2월 29일。

늦은 아침에 출발해 순안(順安)에 도착하여 머물러 묵었다.

---

17 責立(책립): 필요한 인원이나 마소 따위를 책임지고 차출하던 일.

18 雇立(고립): 노동력 고용형태의 하나. 돈을 주고 公役을 대신 치르게 하거나 남을 대신하여 公役을 치르는 것을 일컫는다.

19 站站(참참): 각 驛站.

二十九日。
晚朝發行, 至順安止宿。

2월 30일。

이른 아침에 출발해 숙천(肅川)에 도착하여 숙박하였다.
三十日。
早朝發行, 至肅川²⁰留宿。

---

20 肅川(숙천): 평안남도 平原 지역의 옛 지명.

1636년 3월

3월 1일。

먼동이 트기 전의 이른 새벽에 출발해 오후가 되어서야 안주(安州)에 도착하여 숙박하였다.

三月初一日。

曉頭發行, 午後至安州[1], 留宿。

3월 2일。

늦게 출발해 가산(嘉山)에 도착하여 숙박하였다.

初二日。

晚發, 至嘉山[2], 留宿。

---

1 安州(안주): 평안남도 서북단의 안주군에 있는 지명.
2 嘉山(가산): 평안북도 박천군에 있는 지명.

3월 3일.

이른 아침에 길을 떠나서 공강정(控江亭)에 이르러 나루를 건넜을
때, 예단(禮單)이 실린 두 짐바리가 반이나 축축하게 젖었다. 저물
어서야 정주(定州)에 도착하여 묵었다.

初三日。

早朝發程[3], 至控江亭[4], 而渡津之際, 禮單所載二馱, 爲半沾
濕。至暮到定州[5], 止宿。

3월 4일.

정주(定州)에 머물렀다. 젖은 예단(禮單)은 애초에 햇볕에 말리
거나 바람에 쐬지 못하고 정주에 도착한 이후에야 비로소 열어 보
니 젖은 곳이 대단하였다. 이에, 군관으로 하여금 젖은 것을 꺼내어
서 햇볕에 쬐어 말리도록 하였다.

初四日。

留定州。所濕禮單, 初不曝曬[6], 到州之後, 始爲開視, 則濕處
大端。仍使軍官披出乾曝。

---

3 發程(발정): 길을 떠남. 출발함.
4 控江亭(공강정): 평안북도 定州牧 博川에 있던 정자. 사신들이 자주 올랐다.
5 定州(정주): 평안북도 정주군의 군청 소재지.
6 曝曬(포쇄): 책이나 옷 등의 습기를 햇볕과 바람에 말리는 것.

3월 5일.

그대로 정주(定州)에 머물렀다.
初五日。仍留定州。

3월 6일.

아침 식사를 하고 나서 막 출발하려는 찰나, 감영(監營)의 군관인 성익(成釴)이 파발마를 타고 뒤쫓아 와 말을 전했다.

"용골대(龍骨大)가 경성(京城)에 들어간 뒤로 갑자기 화를 냈는데, 이미 지난달 29일 의외로 황급히 떠나서 중화(中和)에 이르렀을 때, 금군(禁軍)이 보낸 문서를 탈취해 감추어 두고 행중(行中)에서 내어 주지 않았습니다. 대개 그 문서 가운데 척화(斥和)의 사연이 허다했는데 만약 도로 되찾을 수 없다면, 앞으로 반드시 재앙이 생겨 난처한 근심이 있을 것이기 때문에 생각할 것도 없이 밤낮으로 이렇게 달려왔으나, 무슨 계획으로 문서를 빼낼 수 있을지 알지 못하겠습니다."

듣고 보니 너무도 놀라운데다 변통할 길이 없었다. 마침내 정주목사(定州牧使) 김응해(金應海)와 상의하여 오랑캐의 차사(差使)가 정주에 도착하는 날에 그대로 붙잡아 머무르도록 하고 몰래 빼어내기로 도모하였으나 손에 넣을지의 여부를 또한 알지 못하니, 극히 염려가 되었다.

初六日。

朝食後, 將欲發行之際, 監營軍官成釴[7], 撥馬[8]追來, 傳言: "龍胡入京之後, 猝發慍怒, 已於去月二十九日, 意外遽去, 而到中和[9]時, 奪取禁軍所賫文書莊置[10], 行中不爲出給。盖其文書中, 有許多斥和辭緣, 若不得還推[11], 則前頭必有生梗難處之患, 故不計星夜如是馳來, 未知以何計圖出[12]耶?" 聞來殊甚驚駭, 而亦無變通之路。遂與本洲牧金應海[13]相議, 欲於胡使到州之日, 仍使挽留, 潛圖拔出, 而入手與否亦未知, 極爲可慮。

---

7 成釴(성익): 소를 수입하는 임무를 맡은 군관. 1638년 1월 備局郎廳이었던 그는 서울을 출발하여 심양을 경유해 몽고로 들어가서 蒙古牛 181마리 구매해 조선에 들여왔다. 조정에서는 그 소를 백성들에게 나누어주어 농사를 짓게 하였다. 그리 많은 수는 아니었지만, 국제무역을 통해 긴요한 물자를 조달했다는 점에서 성공적인 사례라고 하겠는데, 그로부터 20여 년이 지나자 문제가 생겼다. 몽고에서 수입한 소가 번식하여 도리어 백성의 폐단이 되었던 것이다. 《顯宗實錄》에 따르면 사람이 먹을 것도 부족한데 수많은 소를 먹여 살리자니 백성의 부담이 컸기 때문이다.

8 撥馬(발마): 공무로 급히 가는 사람인 撥軍이 타는 驛馬. 서울과 의주 사이의 역참에 두었다.

9 中和(중화): 평안남도 남단에 위치한 지명.

10 莊置(장치): 藏置의 오기인 듯. 감추어 둠.

11 還推(환추): 도로 되찾거나 받아냄.

12 圖出(도출): 부당한 수단으로 문서를 빼돌리는 것.

13 金應海(김응해, 1588~1666): 본관은 安東, 자는 君瑞. 1616년 무과에 급제하여, 宣傳官·都摠府都事·熙川郡守 등을 역임하였다. 1619년 명나라의 요청으로 後金정벌에 도원수 姜弘立 등을 파견하자, 형 金應河와 함께 출정하기를 청하였으나 뜻을 이루지 못하였다. 1620년에 강계부사·부령부사·인동부사·정주부사 등을 지냈으며, 1636년 병자호란 때 별장으로 正方山城을 지켰다. 그러나 적병이 곧장 서울을 공격하자 300명의 기병을 이끌고 진로를 막고 고군분투하였으나, 이기지 못하고 적에게 포위되자 자결하려 했지만 살아났다. 그 뒤 1647년 御營大將에 올랐다.

3월 7일.

정주(定州)에 머물렀다. 오후가 되어서야 용골대(龍骨大) 등이 가산(嘉山)에서 와 정주에 도착하였다. 나는 즉시 객관에 찾아가 그들을 만나고 차사(差使)로서 돌아가는 길의 노고를 위로한 뒤 이어서 급히 돌아온 이유를 물으니, 대답했다.

"이미 춘신사(春信使)에게 전한데다 또 조문하고 위로하는 차사(差使)의 일은 이미 다 끝냈소. 어찌 계속 머물러야 하는 일이 있겠소?"

내가 말했다.

"우리나라는 막 대상(大喪)을 당하여 임금께서 또 평안치 못하니, 온 나라의 신료들도 매우 급작스러워서 어찌할 바를 몰라 사신을 대접하는 절차가 필시 뜻과 같지는 않았을 것인데, 혹여 이러한 것에 노여운 감정이 있어서 이와 같이 서둘러 돌아가는 것이오?"

용골대는 대답하지 않았지만, 그의 말이 이러하였다.

"사신도 일찍이 또한 사명(使命)을 받들어 봤을 것이니 우리나라에서 만약 이미 일을 끝냈으면 즉시 돌아갈 길을 재촉할 것이지, 사명을 받든 신하가 구태여 타국에 오래 머물면서 돌아가지 않겠소?"

내가 대답했다.

"내가 그간 사명을 받들었을 때에는 매번 10여 일을 머물렀지만 행장을 꾸릴 때면 용장(龍將: 용골대) 등이 오히려 서둘러 떠난다고 힐책하였거늘, 지난날의 일이라고 그것을 이미 잊었겠소?"

용골대(龍骨大)가 웃으며 말했다.

"사신이 말한 것에는 정다운 마음이 있는 듯하니, 우리들은 감사한 마음이 없지 않소이다."

그 나머지 서달(西㺚)이 맡은 일과 우리나라가 접대한 상황에 대해서는 하나라도 말을 꺼내지 않았고, 나 또한 마치 알지 못하는 것 같이 하면서 다시 따져 묻지 않았다.

저녁 무렵에 정명수(鄭命壽)와 김돌시(金乬屎)를 불러서 금군(禁軍)이 가져오던 문서를 다시 되찾아야 할 일을 누누이 설명하니, 그들이 말했다.

"그 문서는 마장(馬將: 마부대)이 다시 찾아왔는데, 처음에는 범범히 보고 깊숙이 숨기지는 않다가 연도(沿道)의 각 관아에서 모두 꺼내가려고 하는 까닭에, 마장이 매우 의아하게 여겨 짐바리 속에 깊숙이 두었으니 꺼내려는 계획을 시도할 수 없을 것이옵니다."

이러면서 전혀 찾아내어 줄 뜻이 없음을 말하였다. 또 신계암(申繼黯)으로 하여금 다시 주선하도록 하고 뇌물을 후하게 주겠다는 뜻으로 여러 번 타일렀더니, 정명수가 말했다.

"용만(龍彎: 의주)에 도착한 뒤에는 군량과 물자들의 수량을 적는 일로 반드시 계속 머물러야 하니, 내가 마땅히 있는 힘을 다하여 도모하겠습니다만 형편이 이와 같아서 또한 기필할 수는 없을 것 같습니다."

저물녘에 이르러 장예충(張禮忠: 역관)이 국서를 가지고 정주(定州)에 도착하자, 내가 이에 용골대(龍骨大) 등이 급히 돌아가는 이유를 자세히 물으니, 그가 대답했다.

"그들은 조정에서 잘 대접하지 않았다는 이유로 몹시 분노하여 국서를 받지 않고 곧장 서둘러 돌아가고자 하였으며, 출발하는 날에 민간의 소와 말들을 탈취해가니, 경성(京城)의 사람들이 소동을 피우지 않은 자가 없다고 합니다."

初七日。

留定州。午後龍胡等, 自嘉山來到本州。余卽往舘見之, 以慰還路行役之勞, 仍問急速還來之由, 則答曰: "已傳春信, 又致吊慰使事畢矣。有何留連之擧乎?" 余曰: "我國方遭大喪, 而聖候[14]又不寧, 擧國臣僚, 奔惶罔措, 接待之節, 必不如意, 或有慍感於此, 而如是亟返耶?" 龍胡不答, 其言乃曰: "使臣曾亦奉使, 吾國而若已竣事, 則卽爲催行, 奉命之臣, 何必久留他國而不歸乎?" 余答曰: "吾之前後奉使也, 每留十數日, 而及其治行, 則龍將等, 猶以促行詰責之, 前日之事, 其已忘之耶?" 龍胡笑曰: "使臣所言似有情款, 吾等不無感意耳。" 其他西㺚所管之事, 我國接待之狀, 無一提說, 余亦若爲不知, 而更不詰問。臨夕, 招見鄭命壽・金乭屎, 以禁軍賫來文書還推事, 縷縷開說, 則渠等云: "厥文

---

14 聖候(성후): 임금 신체의 안위.

書, 馬將更爲覓來, 而初則泛視, 不必深藏, 沿路各官, 皆欲圖出, 故馬將多致疑訝, 深置裝中, 無可圖出之計."云, 而頓無推給之意. 又使申繼黯更爲周旋, 以厚賂之意, 多般開諭, 則鄭命壽曰: "到龍灣[15]後, 以管餉物貨打發[16]事, 必爲留連, 吾當極力圖之, 而事勢如此, 亦未可必矣." 至暮, 張禮忠賚持國書, 來到本州, 余乃詳問龍胡等速還之由, 則答曰: "渠等以朝廷不爲善待之故, 大發憤怒, 不受國書, 卽爲催還而發行之日, 掠取閭里牛馬, 京城之人, 莫不閧動云."

3월 8일.

이른 아침에 또 객관에 가서 두 오랑캐(용골대와 마부대)를 보고 말했다.

"듣자니 양장(兩將)은 칸(汗)의 서신을 전달하지 않고 도로 가지고 오느라 우리나라 답서도 지금까지 받지 않았다는데, 양국 사이의 주고받는 예의상 이렇게 해서는 안 될 것이오. 우리의 국서는 금방 도착할 것이고 그대 나라 칸(汗)의 서신 또한 양장(兩將)의 행중(行中)에 있으리니, 오늘의 모임에서 서로 번갈아 줄 수 있지 않겠소?"

용골대(龍骨大)가 대답했다.

---

15 龍灣(용만): 義州의 별칭.

16 打發(타발): 거래할 물건의 값이나 수량 등을 미리 헤아려서 벌여 적음.

"귀국의 회답사(回答使)가 오늘 내일 사이에 반드시 뒤쫓아 올 것이니, 양국의 사신이 한 곳에서 회동한 후에 하나하나씩 번갈아 주는 것이 지극히 편의할 듯하오."

나도 역시 억지로 하지 않고 그들의 하는 짓을 보고자 하였다. 오늘 용골대 등은 먼저 출발하였고, 나는 뒤따라 계속 선천(宣川)을 향해 가기로 하고서 묵었다.

初八日。

早朝又往舘, 見兩胡曰: "聞兩將不傳汗書, 還爲持來, 而我國答書, 至今不受云, 兩國授受之禮, 不當如是也。我國書今方來到, 而國汗書亦當在兩將行中, 今日之會, 未可相爲交授耶?" 龍胡答曰: "貴國回答使, 今明間必爲追到, 兩國使會同一處, 後一一交授, 似極便宜矣。" 余亦不以爲强, 以觀其所爲。是日, 龍胡等先爲發行, 而余則追後繼進向宣川[17], 止宿。

3월 9일。

먼동이 트기 전인 이른 새벽에 출발해 저물어서야 용천(龍川)에 도착하여 묵었다.

初九日。

---

17 宣川(선천): 평안북도에 있는 지명. 경의선이 통과하는 교통의 요지로 농산물의 집산지이다.

曉頭發行, 至暮到龍川[18], 止宿。

3월 10일。

이른 아침에 출발하여 백마성(白馬城)에 이르니, 용골대(龍骨大) 등이 이미 의주(義州)의 옛 성에 도착해 있었다. 나도 역시 옛 성에 가려 했으나, 일행의 허다한 마부와 말이 오랑캐와 뒤섞여 있어서 일이 불편하게 되겠기에 그대로 산성에 눌러있으면서 여러 날 머물 계책으로 삼았다. 그리고 신계암(申繼黯)과 김명길(金命吉) 등으로 하여금 정명수(鄭命壽)가 있는 곳으로 보내어 그대로 유숙하면서 금군의 문서를 빼돌리도록 하였다.

저물 무렵에 회답사(回答使) 이확(李廓)이 도착하였다.

初十日。

早朝發行, 至白馬城[19], 則龍胡等已到義州舊城矣。余亦欲往舊城, 而一行許多夫馬, 與虜渾處, 事涉不便, 仍住山城, 以爲留連之計。而使申繼黯·金命吉等送于鄭命壽處, 仍爲留宿, 使之圖出禁軍文書。臨暮回答使李廓[20]來到。

---

18 龍川(용천): 평안북도 북서부에 있는 지명.

19 白馬城(백마성): 白馬山城. 평안북도 의주군에 있는 산성. 고려전기 이후의 내성과 조선후기의 외성으로 구성된 석축 성곽이다.

20 李廓(이확, 1590~1665): 본관은 全州, 자는 汝量. 1623년 仁祖反正 때 敦化門 밖에 서 수비하다가 밤에 반정군이 이르자 문을 열어 들어가게 하였다. 반정 후 그를 죽이

3월 11일.

백마성(白馬城)에 머물렀다. 신계암(申繼黯) 역관 등이 돌아와서
말했다.

"우리들이 가서 정명수(鄭命壽)와 김돌시(金乭屎) 등을 만나보니
말이 문서를 다시 되찾는 일에 미치자 불탔다고 하거나 잃어버렸다
고 하면서 두 사람이 말하는 바가 각기 절로 달라서, 그 실제 사정
과 형평은 교활하고 속임수가 많아 헤아리기 어려워서 문서 되찾기
가 어려울 듯합니다."

十一日。

留白馬城。申譯等還言:"吾等往見鄭命壽·金乭屎等, 語及文
書推給事, 則或云燒火, 或云見失, 兩人所言, 各自不同, 其爲情
狀, 猝[21]詐難測, 似難還推矣."

려 하자, 李貴가 길을 비켜준 그의 공을 역설하여 화를 면하게 하였다. 1624년 李适
이 난을 일으키자, 도원수 張晩의 군에 들어가 선봉이 되어 적을 격파하는데 공을
세우고, 자산부사를 거쳐 부총관이 되었다. 1636년 回答使가 되어 청나라 瀋陽에
갔을 때, 심양에서는 국호를 淸이라 고치고 왕을 황제로, 연호를 崇德이라 하여 교외
에서 하늘에 제사를 올리려고 할 때 그의 일행을 조선 사신으로 참여시키려고 하였
으나, 결사적으로 항거하여 그 의식에 불참하고 돌아왔다. 우리 조정에서는 그 사실
을 잘못 전하여 듣고, 한때 선천에 유배시켰다가 뒤에 충절을 알고 석방하였다. 그해
胡賊이 침입하자 남한산성을 수비하는 데 활약하였고, 난이 끝난 뒤 충청도병마절도
사를 거쳐 1641년 삼도수군통제사에 이르렀다.

21 猝(졸): 猝의 오기인 듯.

3월 12일.

아침 식사 후에 의주(義州)의 아전이 와서 말했다.

"용골대(龍骨大) 등이 군량과 물자들을 계산하여 거두어들일 때에 매우 분노하여 장차 성 밖으로 불쑥 튀어나와 관향소(管餉所)를 향해 돌아가려 하였으나 다행히 부윤(府尹: 임경업)께서 여러 번 심하게 힐난한 것에 힘입어 겨우 머무르게 하였습니다. 그 사이에 괴롭히고 어지럽힌 것을 죄다 말할 수가 없습니다."

나는 곧바로 기별을 들은 뒤 이확(李廓)과 옛 성으로 같이 가면서, 김명길(金命吉)로 하여금 용골대에게 말을 전하도록 하여 얼굴을 마주하기 바란다고 하니, 용골대 등이 사양하여 보지 않고 말했다.

"군량과 물자를 지금 계산하고 행장을 정돈하려니 일이 많아 어지러워 잠시 틈이 생기기를 기다렸다가, 편안할 때 서로 접견하자고 이르라."

이에, 그들을 볼 수가 없었다.

十二日。

朝食後, 州吏來言: "龍胡等計捧[22]管貨時, 極發憤怒, 將欲突出城外, 還向管餉所, 而幸賴府尹[23]之多般爭詰[24], 僅得止留。而其

---

22 計捧(계봉): 계산하여 거두어들임.

23 府尹(부윤): 義州府尹 林慶業(1594~1646)을 가리킴. 본관은 平澤, 자는 英伯, 호는 孤松. 李适의 난을 진압하면서 무관으로 두각을 나타냈다. 1626년 전라도 樂安郡守, 1630년 平壤中軍으로서 劍山城과 龍骨城을 수축하였고, 1633년 淸北防禦使 겸 寧邊府使로 白馬山城과 義州城을 수축했으며, 1634년 義州府尹이 되었으며, 1643년 명

間勞擾之狀, 不可盡言."余卽聞奇, 與李廓同往舊城, 使金命吉
傳言於龍胡, 要與接面, 則龍胡等辭而不見曰: "管餉物貨時方計,
而整頓行李, 事多惱擾, 姑俟間隙, 從容相接云."仍不得見之.

3월 13일.

의주(義州)에 머물렀다. 아침 식사한 후에 다시 김명길(金命吉) 역
관을 보내어 서로 얼굴을 마주하자고 청하였는데, 용골대(龍骨大)가
또 사양하여 보지 않고 말했다.

"서달(西㺚) 일행이 지금 막 길을 떠나니, 보낸 뒤에 내가 마땅히
통지해 주리니 와서 청하라."

잠시 뒤에 익합(溺哈)이 과연 서달(西㺚)을 거느리고 길을 떠났으
나, 끝내 또한 우리들을 초청하는 조치가 없었다.

十三日。留義州。朝食後, 更送金譯, 請與相面, 則龍胡又辭
不見曰: "西㺚之行, 今方治送[25], 送後吾當通示, 請來矣."俄而,
溺胡果領西㺚作行, 而終亦無請致吾等之擧矣.

나라에 망명하여 청나라와 싸우다 생포되었으며, 1646년 仁祖의 요청으로 조선으로
압송되어 형틀에서 장살되었다. 그는 親明排淸의 무장이었다.

24 爭詰(쟁힐): 서로 다투어서 힐난함.

25 治送(치송): 행장을 차려 길을 떠나보냄.

3월 14일。

의주(義州)에 머물렀다. 용골대(龍骨大) 등이 비로소 서로 보자고 청하여, 나는 이확(李廓)과 함께 즉시 객관에 가서 만났다. 각자 날씨 인사를 한 후에 나는 곧바로 발언을 했다.

"오늘 양국의 사신이 한곳에 모여 앉았으니, 피차의 국서를 서로 전해주는 것이 어떠하오?"

용골대가 말했다.

"국서는 서로 전할 수 있으나, 다만 한 조목의 개진할 일이 있는데 사신은 들어보지 않으려오?"

내가 대답했다.

"할 말이 있으면 반드시 죄다 숨기지 말고 말할 것이지, 구태여 내가 듣고자 할 때까지 기다렸다가 말하려는 것이오?"

용골대(龍骨大)가 말했다.

"제왕자(諸王子)의 봉함 서신 2통을 귀국이 한갓 받지 않을 뿐만 아니라 애당초 뜯어보지도 않으니, 이것이 어찌 이웃나라와의 교제를 두터이 하는 도리인 것이오?"

내가 대답했다.

"두 통의 편지 속에 구사된 언어가 비록 무슨 내용인지 알 수 없으나, 만일 칭호의 한 조목이라면 우리나라의 신민(臣民)들이 차마 들을 수 없는 것인데, 어찌 그 편지를 받아서 그 내용을 볼 수 있겠소?"

용골대가 말했다.

"조선(朝鮮)은 단지 남조(南朝: 명나라)만 존중할 줄 알지 천명(天命)이 돌아가는 바를 살피지 않으니, 천자가 어찌 본디부터 천자로 정하여져 있었겠소? 우리나라는 여러 달족(獐族)들을 타일러서 항복케 하고 땅을 넓게 개척하였으니, 천명이 귀속됨을 이미 알 수 있을 것이오. 어찌 그 지위를 높이고 그 칭호를 정하기에 부족하겠소?"

내가 대답했다.

"우리나라가 신하로 천조(天朝: 명나라 조정)를 섬긴 지 지금 200년이 되어 군신의 분수와 부자의 천륜이 해와 달처럼 밝게 빛나니 이것이야말로 천지가 다해도 사라질 수가 없는 대의(大義)일 것인데, 금국(金國: 후금)은 이것을 가지고 우리나라를 허물하니 어찌 매우 통탄스럽지 않겠소? 금국(金國)은 이미 북쪽에 땅을 가지고 스스로 북조(北朝)라 일컫은 데다 또 우리나라와 형제의 관계를 맺었으니, 이 밖에 다시 무엇을 바랄 것이 있어서 감히 이와 같이 오만한 말로 우리나라를 시험하는 것이오? 우리나라가 비록 매우 쇠락해 무너질지언정 기꺼이 말하는 대로 순종하며 달갑게 받아들이겠소? 하물며 제왕자(諸王子)가 비록 귀할지언정 또한 신하일진댄 임금과 신하 사이에는 분수가 있고 존귀한 자와 미천한 자에게는 차례가 있는 것인데, 감히 갑자기 우리나라에 편지를 받들지 않고 이유 없이 대등한 예로 대하며 조금도 공경하고 삼가는 도리가 없으니, 금국(金國)이 어리석고 무지함은 이것에 의거하면 더욱 알 수 있소이다."

용골대(龍骨大)가 마부대(馬夫大)를 돌아보고 귓속말을 한 연후에
또 말했다.

"양국은 이미 형제의 나라로 칭탁하였으니 무릇 일이 있으면 서
로 의논하지 않을 수 없기 때문에 우리들이 단지 편지의 내용을
전달했을 뿐이었지, 어찌 조선(朝鮮)으로 하여금 우리를 황제로 받
들도록 하거나 우리의 신하가 되도록 할 수 있겠소? 이 문제는 칸
(汗)의 서신 안에 기록되어 있지 않으니, 우리들이 경성에 들어갔을
때 또한 발설하지 않을 것이나, 사신이 따지는 바가 이와 같이 과격
한 것은 자못 양국에게 서로 좋은 감정이 없을 것이오."

이윽고 또 말했다.

"사신이 심양(瀋陽)에 도착한 이후에는 제왕자(諸王子)가 반드시
말하는 바가 있을 텐데, 말하는 대로 순종할 수 있겠소?"

내가 대답했다.

"말이 따를 만하면 따를 것이고, 말이 따를 수 없으면 따르지 않
을 뿐이오."

용골대(龍骨大)가 말했다.

"왕자가 이미 청하는 바가 있으니, 사신은 비록 따르지 않으려고
할지라도 또한 마음대로 할 수 없을 것이오."

내가 대답했다.

"만약 그 말한 바가 반드시 따를 수 없는 것이면, 비록 몸이 금국

(金國)에 의해 나뉘고 머리가 칸(汗)의 뜰에 걸릴지라도 어찌 나의 뜻을 빼앗을 수 있으리오?"

용골대가 웃으며 말했다.

"이는 올바른 말이 아니라서 곧이듣지 말아야 할 것이니, 그 마음씨가 흉측스러운 것이 비할 바가 없소이다."

말이 끝나자 용골대가 먼저 나에게 칸(汗)의 서신을 전했는데, 내가 이에 봉한 것을 뜯어서 보니 제왕자(諸王子)의 편지 2통이 또한 그 속에 있었다. 내가 곧장 두 오랑캐의 앞에다 도로 내던지니, 용골대가 웃으면서 그것을 줍고 말했다.

"이 편지 속에 무슨 악취라도 나는 것이오?"

나도 역시 장예충(張禮忠)이 가져온 국서를 곧바로 전해주니, 용골대(龍骨大)가 받아둔 다음에 사로잡혀 있던 한족(漢族: 중국사람) 인씨(印氏)를 불러 그로 하여금 풀어 설명하도록 하고서 잠자코 들었다. 그대로 파하고 돌아왔다.

十四日。

留義州。龍胡等始請相見, 余與李廓, 卽往舘見之。各叙寒暄後, 余卽發言曰: "今日兩國使臣, 會坐一處, 彼此國書, 相爲傳授, 如何?" 龍胡曰: "國書則可以相傳, 而但有一款開陳之事, 使臣其欲聽聞否?" 余答曰: "有所欲言, 則必盡無諱, 何必待吾之欲聞而發說耶?" 龍胡曰: "諸王子二封書, 貴國不徒不受, 初不坼見, 是豈邦隣交厚之道耶?" 余答曰: "二書中措語, 雖未知其何事, 而若是稱號一款, 則我國臣民, 所不忍聞, 豈有受其書而見其辭乎?" 龍胡曰: "朝鮮徒知尊重南朝, 而不諒天命之所歸, 天子寧有元定²⁶天子? 我國招降諸猰, 恢拓土地, 天命之有屬, 已可知矣。豈不足以尊其位而定其號耶?" 余答曰: "我國臣事天朝, 二百年于玆, 君臣之分, 父子之倫, 炳如日月, 是乃窮天地所不可泯之大義, 而金國以此咎我, 豈不痛甚哉? 金國旣有北土自稱北朝, 而又與我國結爲兄弟, 則此外復有何望, 而敢以如此傲慢之說, 試之於我乎? 我國雖甚凋弊, 其肯甘受聽從耶? 況諸王子雖貴亦是人臣也, 君臣有分, 尊卑有序, 則不敢遽然奉書於我國, 而無端抗禮, 少無敬謹之道, 金國之矇然無知, 據此尤可見矣。" 龍胡回視馬胡潛語, 然後又曰: "兩國旣托爲兄弟, 凡有所幹, 不可不相議, 故吾等只傳其辭說而已, 豈可使朝鮮帝我臣我乎? 此一款不書於汗書中, 吾等上京時, 亦不發說, 而使臣所詰, 如是峻激, 殊無兩國相好之情矣。" 因又曰: "使臣到瀋²⁷之後, 諸王子必有所言, 其可聽從否?" 余答曰: "言可以從則從之, 言不可從則不從而已。" 龍胡曰: "王子旣有所請, 則使臣雖欲勿從, 亦不得任其意也。" 余答曰: "若其所言, 必不可從, 則雖身分金國, 首懸汗庭, 豈能奪吾志耶?" 龍胡笑曰: "此非眞說, 須勿信聽, 其爲情態, 兇詐無比矣。" 語畢, 龍胡先傳汗書於余, 余乃開見所封, 則諸王子二

---

26 元定(원정): 본디부터 정하여짐.
27 瀋(심): 瀋陽. 중국 遼寧省의 省都. 청나라 初期의 수도이기도 했다.

書亦在其中。余卽還擲于二胡之前，龍胡笑而收之曰：“此書中
有何惡臭云？”余又以張禮忠賚來國書，卽爲傳給，則龍胡受置
後，招諸擄漢印姓者，使之解說而潛聽矣。仍爲罷還。

3월 15일。

의주(義州)에 머물렀다. 용골대(龍骨大) 등이 장차 떠나려 하여 또
다시 만나기를 청해 가서 만나자, 용골대가 말했다.

“맡은 일은 모두 이미 끝내었으니 오늘 결단코 떠나려 하오만,
사신은 어느 날에 들어오려는지 알 수 없소.”

내가 대답했다.

“나의 출발 시기는 아마도 차사(差使)가 물러간 지 며칠 뒤가 될
뿐이오.”

두 오랑캐가 말했다.

“길 오는 도중에 평안히 들어오기를 바라오.”

나는 즉시 일어났고, 또 문서를 되찾는 일 때문에 정명수(鄭命壽)
등을 몰래 불러서 백방으로 타일렀지만, 그들은 이미 불살랐다며
핑계하고 시종 굳게 거절하니 그 고집스러움을 어찌할 수가 없었다.

十五日。

留義州。龍胡等將欲發行，而又請更接，卽往見之，則龍胡曰：
“所幹之事，皆已竣畢，今日則決欲發行，未知使臣以何日入來

耶?" 余答曰: "吾之行期, 似當差退數日後耳." 兩胡曰: "路次之
間, 平安入來爲企." 余卽起來, 而又以文書還推事, 密招鄭命壽
等, 百般開諭, 則渠等托以已焚, 終始牢却, 勢無可奈矣。

3월 16일。

의주(義州)에 머물렀다. 아침 식사 뒤에 일행과 마부를 조사하니,
사신을 위한 역대마(驛大馬) 2필, 원역(員役: 구실아치) 등의 역마(驛
馬: 관용마) 15필과 사지마(私持馬: 개인 소유의 말) 16필, 상인들의 고
립마(雇立馬: 고용마) 118필과 개인 소지 물건 36바리, 감사(監司)가
대금을 보조하고 준비해 둔 쇄마(刷馬: 관청용 말) 56필 등 총합 443
필이었고, 하나같이 감사가 패(牌)를 발급해 준대로 문서를 책으로
만들었는데, 의주 부윤(義州府尹)이 수색하고 검사하여 올리는 보고
서에 준해 사유를 갖추어 치계(馳啓)하였다.

十六日。

留義州。朝食後, 點閱一行夫馬, 則使臣驛大馬二疋, 員役等
驛馬十五疋, 私持馬十六匹, 商賈雇立馬一百十八疋, 自持卜三
十六駄, 監司給價備立刷馬五十六疋, 都合四百四十三疋, 一依
監司給牌成冊, 及義州府尹搜檢文報憑準[28], 具由馳啓。

---

28 憑準(빙준): 어떤 근거에 의하여 표준을 삼음.

3월 17일。

의주(義州)에 머물렀다. 부윤(府尹) 이준(李俊: 李浚의 오기)이 정탐장(偵探將) 백광조(白光祖) 등을 봉황성(鳳凰城)의 근처로 보내어 한인(漢人: 명나라 사람)들의 행동거지를 정찰하였다.

十七日。

留義州。府尹李俊[29], 定送偵探將白光祖等于鳳凰城近處, 伺察漢人等形迹。

3월 18일。

의주(義州)에 머물렀다. 한낮에 백광조(白光祖) 등이 돌아와서 말했다.

"어제부터 봉황성(鳳凰城)의 산기슭은 두루 다녔으나 적막하고 한인(漢人: 명나라 사람)들의 흔적조차 없으니, 사신께서 길을 떠나시어도 의심스러워할 만한 것이 전혀 없나이다."

그리하여 내일로 정하여 출발할 계획을 세웠다.

十八日。

留義州。午時白光祖等回言:"自昨日, 周行于鳳凰城山麓, 而

---

29 李俊(이준): 李浚(1579~1645)의 오기. 전남 강진군 성전면 금당리(옛 명칭은 金興) 출신. 본관은 原州, 자는 洞之, 호는 歸來亭이다. 1635년 춘신사로서 1월 20일부터 4월 15일까지 수행한 사행일기《瀋行日記》를 남겼다.

寂無漢人等形迹, 使臣行次, 萬無可疑."云。仍以明日定, 爲發
行之計。

3월 19일。

회답사(回答使) 이확(李廓)과 같이 출발하여 압록강(鴨綠江) 가에
도착하니, 큰 배가 4척이나 있는 것이 보였지만 일행이 거느리고
가는 인마(人馬)의 수가 번거로울 정도로 많아 여러 번 배를 부려도
저물어서야 간신히 건너 중강(中江)에서 묵었다.

十九日。

與回答使李廓, 同爲發行, 至于江邊, 則見有四大舡隻, 而一
行人馬, 數甚繁多, 累次行舡, 臨暮艱渡, 止宿于中江[30]。

3월 20일。

중강(中江)을 건너고 삼정탄(三汀灘)을 건너 구련성(九連城)의 작은
강가에서 노숙하였다.

二十日。

渡中江, 涉三汀灘, 露宿于九連城[31]小川邊。

---

30 中江(중강): 압록강 상류에서 갈라진 가닥의 하나. 흔히 압록강의 세 가닥을 小西江,
  中江, 三江이라 한다.

3월 21일.

이른 아침에 출발하여 아침밥을 금석산(金石山) 아래의 강가에서 먹었다. 이내 봉황성(鳳凰城)을 향하면서도 혹 한인(漢人: 명나라 사람)이 있을까 염려해, 정탐자로 의주(義州) 호행장(護行將) 한경생(韓景生) 등 10여 명을 정하여 보내어 좌우의 산과 골짜기 사이에 잠복(潛伏)하고 한인들을 수색하도록 하였지만 끝내 찾아내지 못하고 돌아왔다. 마침내 봉황성을 지나 건천(乾川: 乾子浦)에서 노숙하였다.

二十一日.

早朝發程, 朝飯于金石山[32]下川上. 仍向鳳凰城, 而慮或有漢人, 偵探者, 定送義州護行將韓景生十餘名, 潛伏于左右山谷間, 搜探漢人, 而終不得見而歸. 遂過鳳凰城, 露宿于乾川[33]邊.

3월 22일.

아침 식사한 뒤에 출발하여 몇 리쯤 갔을 때, 길가에 포로 한인(漢人: 명나라 사람) 1명이 있다가 우리 일행을 보고는 몹시 두려워하

---

31 九連城(구련성): 遼寧 丹東市 북쪽에서 12km떨어진 곳에 있는 지명. 북쪽으로는 진동산, 동쪽으로는 애하에 인접해 있으며 애하의 첨고성과 강을 사이에 두고 마주하고 있는데 지세가 험준하다.

32 金石山(금석산): 頂石山 또는 海靑山이라고도 함. 중국 遼寧省 丹東의 압록강 연안에 있는 九連城에서 33리 떨어져 있는 산이다. 지금의 大金山인 듯하다.

33 乾川(건천): 乾子浦를 일컫는 듯.

며 달아나 피하였다. 내가 마부(馬夫) 중에 잘 달리는 자로 하여금 뒤좇아 가서 붙잡아오게 했는데, 그에게 달아나 피한 사정을 물으니 스스로 말했다.

"대동부(大同府)의 촌사람으로서 오랑캐들이 서쪽으로 침범했던 날에 사로잡혀 심양(瀋陽) 오랑캐의 장수 집에 머물러 지내다가 또다시 통원보(通遠堡)의 오랑캐에게 팔아넘겨졌습니다. 그 오랑캐는 내가 일을 감당하지 못하는 것으로 여러 차례 채찍질을 가해 고생을 참아내야 하는 것이 날로 심하였기 때문에 버티며 살 수가 없어서 어제 밤에 비로소 탈출하고 도망하여 조선 땅으로 가려 했습니다."

또 오랑캐의 실정을 물으니, 그가 대답했다.

"칸(汗)은 겨울에 장차 선부(宣府)와 대동부(大同府)를 침범하려 한답니다."

그리고 그 사람됨을 보니 어리석고 졸렬한 것이 매우 심하여 그의 말을 믿기가 어려워 즉시 놓아 보내주었다. 마침내 옹북하(甕北河)에 도착하여 강가의 모래사장에서 묵었다.

二十二日。

早食後發程, 行數里許, 路有一擄漢, 見吾一行, 惶懼走避。 余使僕夫中善走者, 追及捉來, 問其走避之狀, 則自言："以大同府[34]村人, 被擄於胡賊西犯之日, 留居于瀋陽胡將家, 又爲轉賣

---

34 大同府(대동부): 중국 山西省의 북쪽 경계인 만리장성 바로 안쪽에 있는 지명.

於通遠堡胡人. 胡人以我不能堪事, 累加鞭朴[35], 刻苦日甚, 故
不能支存, 昨夜始爲脫遁, 欲向朝鮮地."云. 又問虜情, 則答曰:
"汗冬間將欲犯搶宣大[36]."云. 而觀其爲人, 庸劣最甚, 不足準信,
卽爲放送. 遂到甕北河[37], 止宿于川邊沙汀.

3월 23일.

아침 식사한 뒤에 출발하여 통원보(通遠堡)를 향하면서 의주(義州)
에서부터 사행을 호위한 군인들을 되돌려 보내고 사유를 갖추어
치계(馳啓)하였다. 성문을 향해 전진하는데 그 밖을 지키고 있는 오
랑캐들이 종전처럼 굳게 거절하여 결국 성을 들어갈 수가 없어 성
밖의 냇가 주변에서 묵었다. 머지않아 통원보를 지키던 장수 2명이
찾아와서 내 사행 길의 노고를 위로하고 즉시 일어나 가버렸다.
또 심양(瀋陽)에서 우리 사행을 호위하러 온 오랑캐 장수 4명이 있
었는데 부하오랑캐[從胡] 60여 명을 거느리고 도착하니, 호위하는
모습은 한결같이 왕년에 왔을 때와 같았다.

이날 밤에 삼연대(三煙臺)의 오랑캐 장막에서 묵었다.

二十三日.

---

35 鞭朴(편박): 관리들이 백성들을 매질하는 것.

36 宣大(선대): 宣府와 大同府를 함께 일컫는 말. 선부는 지금 중국의 河北省 宣化縣을
가리키는데, 명나라 때 설치되었던 변방 9개의 鎭 가운데 하나이다.

37 甕北河(옹북하): 小長嶺과 大長嶺 사이에 있는 강. 三家河라고도 한다.

朝飯後發程, 向通遠堡, 而還送義州護行軍, 具由馳啓。進向
城門, 外則守胡等, 如前固拒, 遂不得入城, 止泊于城外川邊。
俄而, 守堡將二名來到, 慰余行役之勞, 卽爲起去。又有瀋陽護
行胡將四名, 率從胡六十餘名來到, 而護衛之狀, 一如往年之
行。是夜, 止宿于第三烟臺胡幕。

3월 24일。

이른 아침에 출발하여 두 큰 내를 건너고 연산보(連山堡: 連山關)
를 지나서 회령령(會寧嶺)을 넘자, 우리 일행을 호위하던 오랑캐
들이 우리들로 하여금 못하도록 금지하는 것이 매우 삼엄하였다.
길을 가는 중에 일행의 여러 사람들로 하여금 제 마음대로 다니
지 못하게 하였다. 저녁이 되어서야 사연대(四煙臺)에 도착하여
묵었다.

二十四日。

早朝發程, 涉二大川, 過連山堡[38], 踰會寧嶺[39], 而護行胡人等,
防禁太嚴。一路行役之際, 使一行諸人不得任意自行。至夕到
四烟臺, 上宿。

---

38 連山堡(연산보): 連山關. 草河溝에서 北京쪽으로 28리(약 11km)에 있는 지명. 옛날
   의 鴉鶻關이다.
39 會寧嶺(회령령): 중국 遼東의 連山關과 狼子山 사이에 있는 고개. 摩雲嶺이라고도
   한다.

3월 25일.

이른 아침에 출발하여 청석령(靑石嶺)에 이르자 먹구름이 사방에
자욱하고 사나운 바람이 거세게 불었으나 그대로 삼료하(三遼河)를
건너 구연대(九煙臺)를 지나니, 바람세가 잠시 멈추었으나 큰비가
계속해서 내려 일행의 짐을 실은 것들이 거의 다 젖고 말았다. 저녁
무렵에 간신히 구연대(九煙臺)를 건넜는데, 지키고 있던 오랑캐 운
태중(雲太重)이란 자는 요양(遼陽) 사람으로 사로잡혀 구금되어서인
지 처량하고 슬퍼하는 느낌이 많이 있었다. 내가 역관 박인후(朴仁
厚)로 하여금 오랑캐들이 잠든 틈을 가만히 엿보고 오랑캐들의 실
정을 은밀히 묻게 하였더니, 그가 대답했다.

"칸(汗)이 막 팔고산(八高山)에게 칙령을 내려 병마(兵馬)를 정돈케
하였으니, 오래지 않아 반드시 군대를 동원하는 조처가 있을 것인
데 혹 서쪽으로 향할 것이라고도 하고 혹 북쪽으로 향할 것이라고
도 하여 진군하는 방향에 대해 아직은 미리 알 수가 없습니다."

막 다시 묻고자 하는 찰나에 오랑캐 한 명이 잠에서 깨어 일어나
는 바람에 곧장 묻지 않고 말하지 않았다.

二十五日.

早朝發程, 至靑石嶺[40], 則黑雲四塞, 狂風大作, 仍渡三遼河[41],

---

40 靑石嶺(청석령): 草河溝에서 60리 떨어지고 遼陽까지 80리인 지점에 있던 고개. 중
국 遼東의 鳳凰城에서 서북쪽으로 195리에 있는 고개였던 곳으로 푸른 돌이 많아
일컫는 것이다.

過九烟臺, 風勢蹔止, 大雨繼下, 一行駄載, 殆盡添濕。臨暮艱
渡(一本作三)九烟臺, 則守胡雲太重者, 遼陽人而被擄見拘, 多
有悲感之意。余使譯官朴仁厚潛伺胡人等就睡之際, 密問虜人
事情, 則答云: "汗方勅八高山[42], 整頓兵馬, 非久必有動軍之擧,
而或稱向西, 或稱向北, 其所向之處, 姑未預知。"云。方欲更問
之際, 胡人一名, 罷睡而起, 卽止不言。

3월 26일。

날이 밝을 무렵 출발하여 세 큰 내를 건너 사연대(四煙臺)를 지나
서 저녁에야 평안촌(平安村)에 도착하였다. 또 오랑캐 장수가 부하
오랑캐[從胡] 10여 명을 아우르고 요양(遼陽)에서 정돈한 마부와 말
들이 일제히 이끌어 와서 우리 일행을 호위하며 못하도록 막는 것
이 더욱 엄격하였다.

二十六日。

平明啓行, 越三大川, 過四烟臺, 夕到平安村。又有胡將, 并從
胡數十餘名, 自遼東整頓夫馬, 一齊來護而防禁, 益加嚴截矣。

---

41 三遼河(삼료하): 三遼水로도 불림. 구체적인 곳은 미상이다.

42 高山(고산): 固山. 몽고어의 旗라는 뜻인 gūsa. 만주인으로 편제된 滿人八旗가 있었
    는데, 八旗는 淸太宗이 제정한 兵制의 큰 조직으로서 總軍을 기의 빛깔에 따라 편제
    한 여덟 부대이다. 처음에 창설된 만인 팔기 외에 청나라가 점차 커지게 되자 漢人으
    로 편성된 부대인 漢人八旗, 몽고인으로 편성된 蒙古八旗가 차례로 편성되었다.

3월 27일.

식사한 뒤에 출발하여 이목(梨木)의 연대(煙臺)를 지나고 태자강
(太子江)을 건너 난니보(爛泥堡)에 이르렀다. 때마침 의주(義州) 출신
으로 포로가 된 김여량(金汝亮)을 만나 가만히 기회를 엿보고 오랑
캐의 실정을 은밀히 물었더니, 그가 대답했다.

"칸(汗)이 이번 12일에 참람히 황제라 칭하며 이를 천지에 고하는
제사를 지내는데, 서달(西㺚) 및 제왕자(諸王子)로 하여금 장차 하례
(賀禮)를 거행하게 하면서 반드시 사신도 역시 참관하도록 하라고
요구했습니다."

다시 상세히 물으려 했으나 번잡하여 할 수가 없었다.

二十七日.

食後發程, 過梨木烟臺, 涉太子江[43], 至爛泥堡[44]. 適逢義州被
擄人金汝亮, 潛伺間隙, 密問虜情, 則答云: "汗今十二日, 僭號
告祭[45], 而使西㺚及諸王子, 將行賀禮, 必要使臣亦使參觀."云.
更欲詳問, 而煩擾未果.

---

43 太子江(태자강): 太子河. 중국 遼寧省 중부에 있는 하천. 요녕성 동부에서 발원하여
    동쪽에서 서쪽으로 흘러 本溪와 遼陽을 지나 遼河에 합류된다.

44 爛泥堡(난니보): 遼東城 인근에 있는 지명. 하루면 닿은 거리에 있다. 진펄로 유명하다.

45 告祭(고제): 국가나 집안에 대사가 있을 때 사당에 고하며 지내는 제사. 홍타이지는
    1636년 4월11일 백관들을 이끌고 심양성의 天壇으로 나아갔으니, 자신이 제위에 오
    른다는 사실을 천지에 고하기 위해서였다. 홍타이지는 대신들과 함께 제단에 三九叩
    頭禮를 행했다. 세 번 무릎을 꿇고 아홉 번 머리를 조아리는 의식이었다.

3월 28일.

소나기가 크게 내려 일찍 출발할 수가 없었다. 한낮이 되어서야 실리보(實伊堡: 十里堡)를 지나 사하보(沙河堡)에 도착하여 묵었다.

二十八日。

驟雨⁴⁶大下, 不得早發。至午行過實伊堡⁴⁷, 到沙河堡⁴⁸, 止宿。

3월 29일.

아침 식사를 한 뒤에 출발하여 백탑교(白塔橋)와 혼우강(混于江: 渾河)을 지나 심양(瀋陽)의 성 밖에 있는 연청(宴廳: 연회장)에 이르니, 만월개(滿月介)·기청고(起靑古: 起靑高)·김옥화(金玉和) 등 여덟 장수가 모두 이미 사신을 기다리는데 접대하는 세부적인 것이 예년과 똑같았다. 이어서 오랑캐 장수들과 함께 말고삐를 나란히 하며 남문을 통해 들어가 성안의 객관(客舘) 문밖에 이르자, 오랑캐 장수들이 말을 탄 채로 작별을 고하고 가버리니, 이에 부하 오랑캐[從胡]들로 하여금 우리 일행을 객관 안으로 들어가도록 하고서 문을 닫고 굳게 지켰다.

---

46 驟雨(취우): 소나기. 갑자기 세차게 쏟아지다가 곧 그치는 비.

47 實伊堡(실리보): 十里堡. 중국 河北省에 있는 지명.

48 沙河堡(사하보): 중국 遼寧省 鞍山市에 있는 성. 遼陽市와 서남쪽 53리 정도에 있다. 명나라가 요동지역의 방어를 취하여 수축한 성이다.

二十九日。

朝食後發程, 過白塔橋[49]·混于江[50], 至瀋陽城外宴廳, 則滿月
介[51]·起靑古[52]·金玉和等八將, 皆已等候 而接待曲折[53], 一如往
年。仍與胡將等并轡, 由南門入, 至城內舘門外, 胡將等馬上,
辭別而去, 仍使從胡等迫余等一行于舘中, 鎖門堅守。

---

49 白塔橋(백탑교): 중국 遼寧省 瀋陽에 있는 탑의 다리. 백탑은 불사리탑으로서 원래
   광우사보탑이라 불렸으나, 탑신에 흰색을 칠하여 흔히 백탑으로 부른다. 심양시 중
   심지역을 외곽에서 원형으로 둘러싸고 있는 지역에 위치하여 문자 그대로 교통 요지
   에 자리를 잡고 있다. 朴趾源의 《熱河日記》〈요동백탑기〉에서 "백탑은 8면으로 된
   백색의 탑으로 13층에 높이가 70길이나 된다. …백탑은 바로 요동 벌판의 삼분의
   일의 형세를 차지한 셈이다. 탑 꼭대기에는 세 개의 구리로 된 북이 설치되어 있고,
   탑의 매 층의 추녀 모서리에는 물바가지 크기의 풍경이 달려 있어 바람이 불면 풍경
   소리가 온 요동 벌판을 진동케 한다."라고 묘사했다.
50 混于江(혼우강): 瑚努呼河라 하는데. 渾河를 일컬음. 중국 만주에 있는 강. 遼河의
   한 지류로 변외에서 시작하여 興京과 撫順을 거쳐 심양의 남방을 지나 太子河를 합쳐
   요하로 흐른다.
51 滿月介(만월개): 海西女眞 하다부 사람 雅虎(yahū)의 아들로 아버지를 따라 누르하
   치에게 귀부한 滿達爾漢(mandarhan)의 한자 이름. 홍타이지를 따라 동해여진 정벌
   에 종군하기도 하였다. 조선 출신의 역관 董納密(dungnami, 朴仲男)과 함께 여러
   차례 조선을 방문하여 교섭을 진행하였다.
52 起靑古(기청고): 1649년 鄭太和의 사행록인 《飮氷錄》에도 나오는 인명. 그런데 《承
   政院日記》1634년 12월 27일조에는 起靑高로 나온다. 곧, "만월을개, 금옥화, 백안
   대, 기청고 등은 예부의 관원으로서 예단 및 모든 접대에 관련된 따위의 일을 주관하
   고 있었으므로 수가 자잘한 곡절에 대해 이렇게 설명한 것이다. … 홍시를 얻고자
   하는 것이라고 운운한 것일 뿐 별달리 심하게 성을 내거나 더 받으려는 뜻은 없다.
   (滿月乙介·金玉和·白安大·起靑高等, 禮部之官, 禮單及凡干接待等事句管, 故瑣數
   曲折, 如是說破, 則渠之所答, 斷無他意. 欲得紅柿云云, 而別無深怒加捧之意云矣.)"
   이다.
53 曲折(곡절): 상세한 정황.

1636년 4월

4월 1일。

그대로 머물렀다. 용골대(龍骨大)·마부대(馬夫大)·능시(能時) 등
이 객관에 와서 우리 사행 길의 노고가 어떠했는지 묻고는 이어서
종전의 관례대로 국서(國書)를 보자고 하였는데, 내가 즉시 베껴서
주니 읽어본 후에 가지고 갔다.

四月初日。

仍留。龍骨大·馬夫大·能時[1]等來至舘所[2], 候問[3]余等行役之
勞, 仍欲依前例, 要見國書, 余卽爲謄給, 則覽後持去。

---

1 能時(능시): 音借한 이름으로 그 표기가 제각각임. 魏廷喆의 『瀋陽往還日記』(신해진
   역주, 보고사, 2014)에도 能時로 나오나, 《인조실록》 1627년 12월 22일조 4번째 기
   사에 의하면 박난영이 回答使로서 치계한 글에는 '能詩'로 나오며, 宣若海의 『瀋陽使
   行日記』(신해진 편역, 보고사, 2013)에는 '能水'로 나온다.

2 舘所(관소): 客舍. 각 고을에 설치하여 외국 사신이나 다른 곳에서 온 벼슬아치를
   대접하고 묵게 하던 숙소.

3 候問(후문): 문안함. 안부를 물음.

4월 2일.

그대로 머물렀다. 이른 아침에 만월개(滿月介)·기청고(起靑古) 등
이 와서 말했다.

"칸(汗)께서 사신을 접견하려고 하시니, 사신 등은 속히 들어가
뵙는 것이 마땅하오."

우리들은 먼저 오랑캐 통역[胡譯] 신계암(申繼黯)·김명길(金命吉)
로 하여금 예단을 가지고 가서 칸(汗) 앞에 진상하게 한 뒤, 이어서
데려온 구실아치들을 거느리고 칸(汗)이 앉아 있는 정청(政廳)의 대
문 밖에 이르러 말에서 내려 멈춰 서니, 만월개가 우리들을 인도해
접견 자리로 나아가게 하였다. 내가 친히 국서(國書)를 받들어 올리
고 접견 자리에 서자, 칸의 앞에 있던 장서(掌書) 오랑캐 하나가 나
와서 국서를 받아 칸(汗) 앞에 올렸다. 그 나머지 접대하는 세부적
인 것은 대략 예년에 의거하였으나, 그 예절이 극히 간략하여 자못
가볍고 소홀히 하는 태도가 있었다. 잠시 뒤에 만월개가 예부 아문
(禮部衙門)에 우리들을 부르기 청하고 연회를 베풀어 술이 몇 순배
돌려진 후에 파하였다. 대개 종전의 사신을 접대하는 연회는 칸(汗)
이 반드시 만월개를 불러 그로 하여금 사신을 후하게 대접하도록
하였지만, 이번에는 위문하는 의례도 또한 없었다.

初二日.

仍留. 早朝, 滿月介·起靑古等, 來言: "汗方欲接見使臣, 使
臣等速當入見." 余等先使胡譯申繼黯·金命吉領送禮單, 進呈汗

前, 仍率所帶員役等, 至汗坐堂[4]大門之外, 下馬止立, 滿月介引
余等就席上。余親奉國書, 立于席上, 則汗前掌書胡一人, 來受
國書, 呈于汗前。其餘接待曲折, 畧依已往, 而其禮極簡, 頗有
輕忽之態矣, 有頃。滿月介請致余等于禮部衙門, 爲設宴飮[5], 行
酒數巡而罷。盖曾前接宴, 則汗必招滿胡, 使之厚接使臣, 而今
番則亦無修問之例矣。

4월 3일。

그대로 머물렀다.

初三日。

仍留。

4월 4일。

그대로 머물렀다. 칸(汗)이 만월개(滿月介)로 하여금 우리들에게
전하도록 한 말은 이러하였다.

"이웃나라에 상사(喪事)가 생겨 차사(差使)를 보내어 조문하고 제
사지내도록 하였소. 이것이야말로 화친을 맺은 사이의 관례이므로

---

4 坐堂(좌당): 관리가 정청에 앉음. 공무를 봄.
5 宴飮(연음): 연회를 베풂.

나는 지난번에 과연 불러서 위로하였소. 그런데 이번에 답사(答使)가 예단(禮單)까지 겸하여 보내온 것이 나는 실로 마음에 편치 못하오. 애초에 헤아리지 못한 채 무턱대고 받아두었지만, 지금 다시 생각해보니 지극히 잘못된 처사이오. 사신은 귀환하면서 받아가는 것이 좋겠소."

내가 대답했다.

"예전부터 사신이 길을 떠나면 예단이 반드시 뒤따르는 것이오. 이것은 실로 통행되는 규례요 전해져 내려오는 의례인데, 무슨 마음에 편치 않은 것이 있어서 갑자기 돌려주며 책하고 돌아가란 말을 하는 것이오? 우리들이 왕명을 받들고 국경을 나서면서 소중하게 여긴 것이 이것이었기 때문에, 만약 전하지 못한다면 왕명을 풀 속에다 버리는 것과 같으니 본국에 귀환한들 장차 어떻게 말을 하겠소?"

만월개(滿月介)는 다시 할 말이 없자 즉시 일어나 가버렸다.

初四日.

仍留. 汗使滿月介傳言於余等, 曰: "隣國有喪, 遣差弔祭. 此乃交好間規例, 故吾於頃者, 果爲致慰. 而今者答使, 兼以禮單而來饋, 吾實不安于心矣. 初不揆度, 遽然受置, 今更思之, 極是謬擧. 使臣歸還, 爲受去可矣." 余答曰: "自前以來, 使臣有行, 則禮單必隨之. 此實通行之規, 流來之例也, 有何不安於心, 而遽爾[6]返責, 還却爲言耶? 吾等奉命出境, 所重在是, 若不傳

致, 則與委命草莽同, 還歸本朝, 將何以爲辭乎?" 滿胡更無所
言, 卽爲起去。

4월 5일。

그대로 머물렀다. 용골대(龍骨大)와 마부대(馬夫大) 등이 며칠을
서관(西舘)에 드나들며 물화(物貨)들을 바꾸어 팔면서도 끝내 우리
들을 만나러 오지 않았다.

初五日。

仍留。龍馬等連日往來于西舘, 換賣物貨, 而終不來見余等。

4월 6일。

그대로 머물렀다. 이른 아침에 용골대·마부대·팽고(彭古) 등이
객관(客舘)에 도착해서 공갈하며 말했다.

"귀국이 맹세를 업신여기고 약속을 어겼다는 단서가 많이 있다
는 것은 사신도 스스로 알지 않소? 우리들이 지금 일일이 말할 터
이니, 모름지기 자세히 듣고서 받아들이기 바라오. 정묘년(1627)에
맹약을 맺었을 때, 가도(椵島)의 병사들로 하여금 육지에 오르지 못

---

6   遽爾(거이): 갑자기.

하게 하였지만 지금 한인(漢人: 명나라 사람)들은 아무 때나 거리낌이 없이 육지로 나가는데도 귀국에서는 금하지 않을 뿐만 아니라 또한 군량미까지 주니, 이것이 맹세를 업신여긴 단서가 아니겠소? 화친 (和親)을 청할 때에 좋은 물화(物貨)들을 실어 날라서 무역하기로 약속하고서, 그 뒤에는 귀국이 좋은 물화들을 철저히 금하여 발매하지 못하게 하고 혹 발매하는 사람이 있으면 반드시 찾아서 붙잡아 죽이니, 이것이 약속을 어긴 일이 아니겠소? 이전에 귀국의 왕이 강화도(江華島)로 병란을 피해 있을 때 우리나라의 제왕자(諸王子)가 누차에 걸쳐 왕복하며 끝내 화친을 성사시켰는데도 이번에 왕자의 편지는 뜯어보지 않으니, 이것이 화친을 끊겠다는 뜻이 아니겠소? 사신의 도리로는 으레 객관 안에 머무르고 더 이상 다른 곳으로 가지 않아야 하나 근래 우리가 사신으로 나간 날에 재신(宰臣)의 부중(府中)으로 보내졌으니, 이것이 모욕하고 업신여긴 소치가 아니겠소? 우리 사신들이 조문하여 제사지낼 때 차고 있던 환도(環刀)를 풀어놓고 들어가도록 하고서 전후좌우에 창들을 벌여놓았으니, 이것이 겁박한 행동이 아니겠소? 서달(西㺚)의 사람들이 이미 우리와 함께 갔으면 접대하는 도리로 지나치게 하대할 필요가 없었는데도 해진 거적에 앉게 하고 의자를 주지 않았으니, 이것이 각박하고 모진 일이 아니겠소? 우리 사신들이 돌아가려고 출발하는 날에 길거리의 사람들이 곳곳에서 분연히 일어나 깨진 기와 조각과 자갈을 다투어 던졌으니, 이것이 난리를 방치한 단서가 아니겠소?"

이렇게 말을 마치자, 용골대(龍骨大)가 또 말했다.

"우리나라는 비록 화친 맹약(和親盟約)을 영원히 지키려 하나 귀국이 하는 짓은 이와 같이 도리에 맞지 않으니, 우리가 장차 어떻게 대처해야 하겠소? 사신 등도 이를 생각해보시오."

내가 대답했다.

"용장(龍將: 용골대)이 한 말에는 자못 겁박하는 뜻이 많은데, 일부러 다툼을 일으키려고 몰래 도모했다는 말은 받아들일 수 없소. 내 우선 말한 조목에 따라 분별하리니 용장(龍將) 등도 반드시 듣고 살펴보오. 맹약을 맺은 후에 사포(蛇浦)의 한인(漢人: 명나라 사람)들은 모조리 철수해 돌아갔소. 그리고 선천(宣川)과 철산(鐵山) 사이에 비록 혹 한발(漢撥: 명나라 전초병)이 왕래하는 것이 있었을지라도 천조(天朝: 명나라)가 우리에게 부자의 의리가 있어서 영구히 금지하는 것은 의리상 매우 옳지 않으니, 그 동안의 사정은 금국(金國)도 필시 미루어 헤아려서 알 것이오. 좋은 물화(物貨)들을 실어 날라서 무역하기로 한 약속은 실로 두 나라의 이익인데, 우리나라가 어찌 유독 꺼려서 피하고 따르지 않겠소? 그러나 한인(漢人) 흑운룡(黑雲龍)이 속이면서 호소한 이후로부터 천조(天朝)가 좋은 물화들을 엄금하여 내오지 못하게 하였기 때문에 남조의 상인들이 끊어져서 좋은 물화들을 가져오기 어려운 것이니, 이 또한 금국(金國)이 본디 아는 바인데도 거짓으로 마치 알지 못하는 양 도리어 상인을 금하고 죽인다는 속임으로 겁박거리로 삼으니, 이 어찌 이웃과 사이좋게 지내는 의리란 말이오? 왕자의 편지를 뜯어보지 않은 일은 일찍이 용만(龍彎)에 있으면서 이미 그 자세한 내용을 다 아는데도 늘어놓은 말 가운데 또 이를 제기하니 차라리 말을 하고 싶지 않소. 재신(宰臣)의 부중(府中)에 두 장수를 초청한 것은 진실로 친밀로써 대우하고 간곡한 정성으로써 접대하려는 것이었지 거기에 무슨 다른 뜻이 있었겠소만, 두 장수는 이를 의심하고 도리어 불평을 품었으니 참으로 한바탕 웃음거리도 되지 못하오. 조문하여 제사지낼 때에 칼을 풀게 하고 창을 벌여 세운 것은 예모가 근엄하고 위의가 엄숙함을 만들어 반드시 서로 공경하는 도리를 다하려고 한 것이지, 어찌 터럭만큼이라도 겁박하려는 뜻이 있어 그런 것이겠소? 서달(西㺚)의 사람은 본디 우리나라와는 소식조차 미치지 못했는데도 두 사신이 데리고 경성(京城)에 들어갔으니 이미 매우 불가함이 심한 데다 또 그들에게 의자를 내어주기를 바란 것은 잘못된 생각이라고 할 만한 것이오. 우리나라가 비록 금국(金國)과 서로 화친을 맺었을지언정, 어찌 또 금국의 포로들에 대해서도 미루어 생각해야 한단 말이오. 깨진 기와 조각과 자갈을 다투어 던진 일이야말로 이는 마을의 어린아이들이 막연히 어리고 어리석어서 사신의 존귀함을 알지 못하고 망령되이 장난질한 것에 불과한데, 어찌 감히 난리를 방치하려는 생각이 있어서 그런 것이겠소?"

용골대(龍骨大) 등이 말했다.

"사신이 대답한 말은 교활한 속임수로 꾸민 것이 많아서 우리들이 믿을 수가 없소."

이윽고 또 말했다.

"주씨(朱氏)는 본래 왕의 후예가 아니고 처음에 황각사(皇覺寺)의 승려였소. 천하는 한 사람의 천하가 아니거니, 주씨가 어찌 오랫동안 차지하고 잃지 않을 수 있단 말이오? 우리나라의 칸(汗)은 성심으로 사람을 대접하고 가는 곳마다 싸우면 이겼지만, 만약 투항해 오는 사람이 있으면 불쌍히 여겨 은혜를 베푸는 것이 더욱 깊었고 물건을 하사하는 것이 반드시 후하게 하셨으니, 이야말로 성인(聖人)의 일이 아니겠소? 듣건대 남조(南朝: 명나라)는 남을 대우하는 것이 매우 각박하여 변경의 여러 나라가 모두 배반하고, 또한 대신(大臣)들이 기만하여 나라를 그르치니, 나라가 망할 것은 서서 기다릴 수 있소. 조선(朝鮮)이 오래도록 남조를 우러르는 것이 어찌 옳은 계책이라 하겠소?"

내가 대답했다.

"우리나라는 천조(天朝)에 대해 신하로서 섬긴 지 이미 오래 되고 분수와 의리가 이미 명료하여 온 나라의 임금과 신하가 비록 뼈가 가루가 되고 몸이 부서질지라도 절대로 딴 뜻이 없을 것일진댄, 어찌 차마 천조가 장차 망하는 것을 보았다고 소홀히 여길 수 있겠소? 우리나라가 비록 한쪽에 치우쳐 미개할지라도 오히려 예의를 아나니, 예의에 어긋나고 의리를 해치는 일은 결단코 하지 않을 것이오."

용골대(龍骨大)가 말했다.

"귀국이 예의로 스스로 지키고 문필(文筆)로 스스로 높이지만, 만약 군대와 함께 사람들을 동원해야 한다면 예의로써 싸울 것이오? 문필로써 싸울 것이오?"

이윽고 노기가 이글거리는 채로 돌아갔다.

初六日.

仍留. 早朝, 龍骨大·馬夫大·彭古等, 來到舘所, 恐喝而言曰: "貴國多有偸盟背約之端, 使臣其亦自知否? 吾今一一言之, 幸須詳納聽[7]焉. 丁卯盟納[8]時, 使島兵不爲登陸, 而卽今漢人無常出陸, 貴國不惟不禁, 又給粮餉, 此非偸盟之端耶? 請和之時, 納[9]與通易好貨, 而其後貴國, 禁絶好貨, 勿令發賣, 或有發賣之人, 則必爲推捉而殺之, 此非背約之事耶? 曾者貴王避兵江華時, 吾國諸王子累度往復, 竟成和好, 而今番王子書, 不爲坼見, 此非絶和之意耶? 爲使之道, 例留舘中, 更不他往, 而頃我出使之日, 令赴宰臣府中[10], 此非輕侮之致耶? 吾使弔祭時[11], 所佩環刀, 使之

7　納聽(납청): 聽納. 의견이나 권고 따위를 잘 들어서 받아들임.

8　盟納(맹납): 盟約의 오기.

9　納(납): 約의 오기.

10　宰臣府中(재신부중): 仁祖의 妃인 仁烈王后가 죽자 청의 장수 龍骨大와 馬夫大가 조문을 왔는데, 이들을 李溟과 朴篈에게 접대케 한 것을 일컬음.

11　弔祭時(조제시): 永昌大君의 친모인 仁穆大妃가 죽었을 때 청의 장수가 와서 弔問을 했었는데 그때는 殿閣 위에 제상을 차리도록 했지만, 仁烈王后의 상 때에는 전각이 좁다는 핑계로 금천교(창덕궁의 서쪽 문에 있는 다리)에다가 장막을 치고 거기서

解去, 而左右前後, 排列槍戟, 此非劫脅之擧耶? 西㺚之人, 旣與
我往, 則接待之道, 不必差下, 而使坐樊席, 不給交椅, 此非薄
惡[12]之事耶? 吾使發歸之日, 街巷之人, 處處紛起, 爭擲瓦礫, 此
非致亂之端耶?" 言訖, 龍又曰: "吾國則雖欲永守盟好, 而貴國所
爲, 如是乖戾[13], 吾將何以處之? 使臣等其亦思之." 予答曰: "龍
將所言, 頗多劫脅之意, 而故欲生釁, 窃爲之, 不取也。吾且逐
條[14]卞之, 龍將等亦必聽察焉。盟約之後, 蛇浦漢人, 盡爲撤回。
而宣鐵之間, 雖或有漢撥[15]之往來, 天朝於我, 有父子之義, 永爲
禁斷, 義甚不可, 此間事情, 金國亦必揣知[16]矣。通易好貨之事,
是實兩國之便, 則吾國豈獨厭避不從? 而盖自漢人黑雲龍[17]瞞訴
之後, 天朝嚴禁好貨, 勿使出來, 故南商斷絶, 難致好貨, 此亦金
國之素所知, 而佯若不知, 反以禁殺商賈之詭, 作爲劫脅之資, 此
豈隣好之義耶? 王子書, 不爲開見事, 曾在龍灣, 已悉其詳, 而措

제사를 지내도록 했던 것을 일컬음. 그런데 제사를 지내려는 순간 바람이 강하게
불어 그만 장막이 걷혀버렸다. 이때 훈련도감의 포수들이 장막 뒤의 후원에서 훈련
을 하고 있었는데, 장막이 걷히자 이를 본 용골대 등이 자신들을 헤치고자 하는 것이
아닌가 하고는 제도 올리지 못하고 허겁지겁 나가버렸다.

12 薄惡(박악): 각박하고 모짐.

13 乖戾(괴려): 도리에 맞지 않음.

14 逐條(축조): 질문한 조목에 따라 논리를 전개하여 대책을 열거하는 것.

15 漢撥(한발): 명나라 전초병.

16 揣知(췌지): 미루어 헤아려서 앎.

17 黑雲龍(흑운룡): 여진족으로 명나라 遼東都司 廣寧衛 사람. 관직은 參將에 이르렀으
며, 副總兵 黑春子의 아들이다.

語之間, 又此提起, 寧欲無言也。宰府之請致兩將者, 是固待之
以親密也, 接之以款厚也, 有何他意於其間, 而兩將以此爲訝, 反
懷不平, 誠不滿一哂也。吊祭之時, 解刀列戟者, 爲其禮貌之可
謹, 威儀之可肅, 而必欲盡相敬之道也, 豈有一毫劫脅之意而然
哉? 西獷之人, 素與我國, 聲聞不及, 兩使之率入京城, 已甚不
可, 而又望其許給交椅, 可謂謬慮也。我國雖與金國相好, 豈又
推及[18]於金國之俘卒耶? 瓦礫爭擲之事, 此不過閭巷小兒朦然穉
蠢, 莫知使臣之尊重, 而妄謂戲謔之擧, 豈敢有致亂之端而然
耶?" 龍胡等曰: "使臣所答, 多飾詐僞, 吾不足信矣." 仍又曰: "朱
姓本非王裔, 其初則乃皇覺寺僧也。天下非一人之天下, 朱姓豈
得長有而不失乎? 惟我國汗, 待人以誠, 到處戰勝, 而若有歸附
之人, 則愛恤益深, 給賜必厚, 此非聖入之事耶? 聞南朝則待人
甚薄, 諸藩皆叛, 而且其大臣欺蔽誤國, 其亡也, 可立而待也。朝
鮮之久仰南朝者, 豈是計之得耶?" 余答曰: "我國之於天朝, 臣事
已久, 分義已明, 擧國君臣, 雖粉骨糜身, 萬無他意, 豈忍見其將
亡而忽之耶? 我國雖處偏荒[19], 猶知禮義, 悖禮傷義之事, 決不爲
之矣." 龍胡曰: "貴國以禮義自持, 以文筆自高, 若與師動衆, 則
以禮義爲戰乎? 以文肇爲戰乎?" 因卽勃勃而歸。

---

18 推及(추급): 미루어서 생각이 미침.
19 偏荒(편황): 한쪽에 치우쳐 있어 미개함.

4월 7일.

그대로 머물렀다. 이른 조회(朝會) 뒤에 용골대(龍骨大)와 마부대(馬夫大) 두 오랑캐가 또 객관에 왔는데, 사납고 흥분된 말씨로 말했다.

"귀국(貴國)은 우리나라가 장차 서쪽을 침범한다는 말을 듣고서 병마(兵馬)를 정돈하고 남조(南朝: 명나라)에게 군대의 지원을 청하여 우리의 빈틈을 엿보아 힘을 합쳐서 공격해오려고 한다던데, 어찌 그리도 맹약을 업신여기는 것이 많단 말이오? 귀국이 과연 우리와 서로 전쟁하고자 한다면 우리가 장차 서쪽으로 향하지 않고 반드시 먼저 귀국을 침범할 터인데, 귀국이 우리 군대의 위력을 대적할 수 있겠소? 우리가 한 개의 부대로 회령(會寧)을 향하고, 또 한 개의 부대로 강계(江界)를 향하고, 또 다른 한 개의 부대로 곧장 용만(龍彎)을 공격하고 이어서 팔영(八營)의 병마들을 내달려 분산해서 귀국의 팔도(八道)를 약탈하게 하면, 귀국이 믿을 것은 오직 산성(山城: 남한산성) 및 강도(江都: 강화도)일 것이오, 그런데 한 모퉁이의 성과 한 조각의 섬을 영원히 믿고서 튼튼하다고 할 있겠소?"

내가 대답했다.

"금국(金國)의 군대가 서쪽을 침범한 계책을 우리는 실로 모르는 일이오. 빈틈을 엿보아 힘을 합쳐 공격한다는 말은 전혀 그럴듯하지 않으니, 이는 필시 금국이 먼저 맹약을 저버리고 분쟁을 야기해 군사를 일으키려는 것이오. 양국이 화친을 맺은 지 이미 10년에 이르러 사신[使价]의 왕래가 끊이지 않고 정의(情誼: 서로 사귄 정)가

두터웠는데도, 만약 하루아침에 서로 단교하고 원수처럼 공격한다
면 원근으로부터 조롱을 받는 것이 틀림없이 적지 않을 것이니,
어찌 양국의 수치스러움이 아니겠소? 이와 같은 이야기를 모름지
기 다시는 말하지 마오."

용골대(龍骨大)가 또 말했다.

"근래 내가 사신으로 나간 날에 귀국은 기필코 나를 해치려고
했지만, 나는 다행히 겨우 벗어났었소. 지금도 때마다 다시금 생각
하면 어느새 심신이 놀라 두근거리오. 우리들의 죽고 사는 것이 귀
국과 무슨 상관이 있길래, 귀국이 기필코 우리를 해치고자 한 것은
무엇 때문이오?"

내가 말했다.

"이것은 진실로 어제 누누이 갖추어 설명한 것이오. 내 어찌 다시
이것을 화두로 들추어내겠소? 용장(龍將: 용골대)과 마장(馬將: 마부
대) 두 장수는 누차 우리나라에 차사(差使)로 와서 우리나라의 정성
과 신의를 진작에 익히 알면서도, 조금이라도 뜻에 맞지 않는 것이
있으면 곧잘 화를 내고 다반사로 거짓을 꾸며 협박하는 것이 더욱
심하니, 이것이 무슨 뜻이고 이것이 무슨 뜻인 게요?"

용골대는 다시 더 말할 것이 없어서 가버렸다.

初七日。

仍留。早朝後, 龍馬兩胡, 又來舘所, 暴勃而言曰: "貴國得聞
我國之將欲西犯, 而整頓兵馬, 請軍南朝, 乘我內虛, 而合力來

攻云, 何其儉盟之多耶? 貴國果欲與我相戰, 則吾且不爲西向, 必當先犯貴國, 貴國其能敵我兵勢耶? 吾欲以一枝向會寧[20], 一枝向江界[21], 一枝直擣龍灣, 而仍馳八營兵馬, 分搶八道, 則貴國所恃者, 雖[22]是山城及江都. 而一隅之城, 一片之島, 其能永恃而爲固乎?" 余答曰: "金兵西犯之計, 吾實不知. 乘虛合攻之說, 萬不近似, 此必是金國先自背盟, 而將欲啓釁興師耳. 兩國講和, 已至十年, 使价絡繹[23], 情意交厚, 若一朝相絶, 攻擊如讎, 則其貽譏於遠近也, 必不少矣, 豈非兩國之羞也? 如此說話, 須勿復道." 龍胡又曰: "頃我出使之日, 貴國必欲害我, 而我幸僅免得. 至今日時復思之, 不覺心神驚悸. 吾等生死, 有何關於貴國, 而貴國之必欲害之者, 何哉?" 余曰: "此固昨日之縷縷備說者也. 余何更此提起話頭耶? 龍馬兩將, 累差我國, 我國誠信, 曾已熟知, 而少有不合, 便出慍怒, 多般節詐, 驅脅尤甚, 此何意? 此何意?" 龍胡更無所言而去.

---

20 會寧(회령): 함경북도 북부에 있는 지명.
21 江界(강계): 평안북도 북동부에 있는 지명.
22 雖(수): 惟의 오기.
23 絡繹(낙역): 왕래가 끊이지 않음.

4월 8일.

그대로 머물렀다. 아침 식사를 한 뒤에 용골대(龍骨大)와 마부대(馬夫大) 두 오랑캐가 칸(汗)의 답서 초본(草本)을 가지고 포로 한인(漢人: 명나라 사람)으로 한림(翰林)이라고 일컬어지는 자를 거느리고 또 객관(客館)에 도착하여 말했다.

"근래에 일이 많아서 칸(汗)의 답서가 정서하는데 미치지 못했으니, 사신 등은 우선 원역(員役: 구실아치)들을 거느리고 잠시 남아 있되, 그 나머지 상인들 및 허다한 인부와 말들은 속히 내어보내 돌아가게 하는 것이 좋겠소."

이윽고 한림(翰林)이라고 일컬어지는 자로 하여금 한 글자 한 글자마다 석음(釋音: 뜻과 발음)을 달고 고성으로 말을 전하게 하여 우리 일행의 여러 사람들로 하여금 모두 들을 수 있게 하였다. 대개 그 답서 안의 말은 모두 지난날 따져 물었던 것으로 맹약 등을 어겼다는 말이었고 또 북쪽 지방의 백성들이 약초를 캐고 사냥한 죄, 공경(孔耿: 모문룡의 심복 孔有德과 耿仲明)을 공격하는데 협조한 일, 강홍립(姜弘立)을 주살한 일 등이 보태어 있었다.

初八日.

仍留. 朝食後, 龍馬兩胡, 持汗答書草, 率擄漢翰林稱云者, 又到舘所, 而言曰: "近緣多事, 汗書未及正書, 使臣等姑帶員役, 蹔爲留在, 而其餘商賈及許多夫馬, 則斯速出送, 可也." 仍使翰林稱云者, 字字釋音, 高聲傳說, 而使一行諸人盡爲聽聞. 盖其

書中辭語, 則皆是頃日所詰倫盟等說 而又添北民採獵之罪, 助攻
孔耿[24]之事, 誅殺姜弘立[25]之說矣。

4월 9일。

마침내 칸(汗)의 답서 내용 및 계속 머물러 있는 곡절 등에 대한
것으로 연유를 갖추어 치계(馳啓)하고서는 군관(軍官) 전 만호(前萬
戶) 이중원(李重元)에게 영을 내려 사복(司僕: 말에 관한 일을 담당하던
관청의 벼슬) 이유길(李裕吉)을 데리고 먼저 돌아가도록 보냈다.

初九日。

遂以汗書辭意及留連曲折, 具由馳啓, 而令軍官前萬戶李重
元, 兼司僕李裕吉帶領以送。

---

24 孔耿(공경): 椵島에 진을 친 毛文龍의 심복 부하였던 孔有德과 耿仲明을 가리킴. 모
문룡이 伏誅된 뒤 登州에 가서 8,9만 명에 이르는 賊黨을 끌어 모으고 오랑캐와 서로
밀통하면서 沿海지방에서 약탈을 자행하였다.

25 姜弘立(1560~1627): 본관은 晉州. 자는 君信. 호는 耐村. 참판 紳의 아들. 1618년
명나라가 後金을 토벌할 때, 명의 요청으로 조선에서 구원병을 보내게 되었다. 이
에 조선은 강홍립을 五道都元帥로 삼아 13,000명의 군사를 거느리고 출정하도록
했다. 그러나 조선과 명나라 연합군이 富車에서 대패하자, 강홍립은 조선군의 출병
이 부득이하게 이루어진 사실을 통고한 후 군사를 이끌고 후금에 항복하였다. 이는
현지에서의 형세를 보아 향배를 정하라는 광해군의 밀명에 따른 것이었다. 투항한
이듬해 후금에 억류된 조선 포로들은 석방되어 귀국하였으나, 강홍립은 부원수 金
景瑞 등 10여 명과 함께 계속 억류되었다. 1627년 정묘호란 때 귀국. 江華에서의
和議를 주선한 후 국내에 머물게 되었으나, 逆臣으로 몰려 관직을 빼앗겼다가 죽은
후 복관되었다.

4월 10일.

그대로 머물렀다. 오후에 예부(禮部)에서 이호(二胡)라고 칭해지는 자가 정명수(鄭命壽)를 데리고 객관(客館)에 도착해서 말했다.

"내일 칸(汗)이 장차 교외로 나가실 것이니, 사신 등은 마땅히 가서 구경하시오. 대개 칸(汗)이 바야흐로 황제라 칭하고 하례를 받을 것인데, 우선 단지 구경하는 것을 사양한다고만 하지 분명하게 말하지 마오."

나도 역시 마치 모르는 척하고서 대답했다.

"칸(汗)은 무슨 일로 교외를 나가시길래, 반드시 타국의 사신을 초청하려는 것이오?"

이호(二胡)가 말했다.

"칸(汗)께서 교외로 나가시는 것은 또한 상세히 말할 수 없으니, 사신은 물을 필요가 없고 다만 가서 구경만 하면 되오."

내가 말했다.

"나는 어명을 받들고 금국(金國)에 파견되어 온 것이 한두 번에 그치지 않으오. 그리고 전례에 따르면 한번 접견한 뒤에는 다시 만나는 예가 없었는데, 지금 무슨 구경할 일이 있어서 이처럼 전례에 없던 행동을 하는지 알 수가 없소?"

이호(二胡)가 왈칵 성을 내며 말했다.

"금국(金國)과 조선(朝鮮)이 형제가 되기로 약속했으니 형의 교례(郊禮: 교외에 거행하는 예식)는 동생이 반드시 보는 것이 마땅한데,

무슨 해로울 것이 있어서 이와 같이 트집을 잡으며 거절하려고 하는 것이오? 게다가 칸(汗)의 명이 지엄하여 만약 명을 어긴다면, 우리들도 아울러 죄를 입을 것이고 사신도 비록 거절할지언정 뜻대로 되지 않을 것이오.”

내가 말했다.

“신하된 자의 직분으로 사신의 명을 받들고 나라 밖을 나가서 임금의 명이 아니면 비록 작고 하찮은 일일지라도 감히 제멋대로 할 수 없으니, 내 어찌 칸(汗)의 명을 두려워해서 도리어 우리 임금의 명을 욕되게 하겠는가?”

이호(二胡)가 돌연 일어나 가버렸다. 잠시 뒤에 다시 돌아와 말했다.

“우리들이 칸(汗)께 아뢰었더니 이미 재가하셨소. 사신 등이 끝내 만약 명을 거부한다면 목숨이 장차 이곳에서 다하여 자기 나라로 돌아가지 못할 것이오.”

내가 말했다.

“신하된 자가 나랏일로 죽으면 죽는 것이 사는 것보다 영예로움이 있소. 이는 내가 평소 바라던 바이니, 뜻대로 되지 않아도 괜찮소.”

이호(二胡)는 죽음을 각오하고 거절하는 것을 보고 서로 돌아보며 씩씩거리다 갔다.

初十日。

仍留。午後, 禮部稱云二胡, 率鄭命壽到舘而言曰: “明日汗將出郊外, 使臣等當往觀光。盖汗方稱帝受賀, 而姑不顯言只以觀

光爲辭." 余亦爲若不知, 而答之曰:"汗以何事出郊, 而必欲請致
他國使臣耶?" 二胡曰:"汗之出郊, 言亦不詳, 使臣不必申問, 第
往觀之可也." 余曰:"吾之奉差金國, 非止一再. 而例承一接之
後, 更無相見之禮, 未知今者有何觀光事, 而爲此無前之擧耶?"
二胡勃然曰:"金國朝鮮, 約爲兄弟, 兄之郊禮, 弟當必觀, 有何所
妨, 而如是詰拒耶? 且汗令至嚴, 若違命, 則吾等並當被罪, 使臣
雖欲拒之, 不得任其意也." 余曰:"人臣之職, 奉使出疆, 非君命,
則雖細微事, 不敢擅自爲之, 吾何畏國汗之命, 而反辱吾君之命
耶?" 二胡忽然起去. 俄而, 卽還曰:"吾等稟達汗前, 旣已定
奪[26]. 使臣等, 終若拒命, 則命且盡於此地, 不得還其國矣." 余
曰:"爲人臣子, 死於王事, 則死有榮於生矣. 此吾素所願, 而不
得者也." 胡見其以死拒之, 相顧咻咻而去.

4월 11일.

그대로 머물렀다. 이른 아침에 오랑캐 장수 10명이 부하 오랑캐
[從胡] 30여 명을 거느리고 객관(客館)의 문밖에 줄지어 서 있고, 예
부(禮部) 이호(二胡)가 또 와서 공갈하며 말했다.

"칸(汗)께서 장차 교외로 나가려 하시니, 사신 등은 속히 복장을

---

26 定奪(정탈): 신하들이 올린 몇 가지의 논의나 계책 중에서 임금이 가부를 논하여 그
   어느 한가지만을 택함.

단정히 하고 미리 나와 기다리라."

내가 말했다.

"가서 볼 수 없는 의리는 어제 이미 다 말했으니, 차라리 이곳에 죽을지언정 지조를 바꿀 수가 없소."

이윽고 사모(紗帽: 검은 모자)를 벗고 단령(團領: 평상시의 관복)을 모두 찢어서 땅에 그것을 던지고 굳게 누워서 일어나지 않았다. 칸(汗)이 객관의 문 앞을 지나가다 서로 아귀다툼하며 나가지 않은 것을 알고 갑자기 화를 내며 오랑캐 장수 7명과 부하 오랑캐[從胡] 40여명에게 객관 안으로 돌입해 우리들을 붙잡아 남문 밖 7,8리쯤 떨어진 곳에 몰아다 놓도록 따로 명하였는데, 바로 소위 남교(南郊)라는 곳이다. 그대로 부하 오랑캐[從胡]들로 하여금 우리들을 군진(軍陣) 앞에 배치하여, 수놓은 중국식 두루마기를 입은 장교(將校) 수천 여 명을 좌우로 나뉘어 서게 명을 내리는데 각기 서열에 따라 차례가 정해져 있었다. 또 예부(禮部) 이호(二胡)를 불러서 포효하듯 세차게 손가락으로 가리켜 보이며 말했다.

"조선 사신들을 모두 잡아와 하례(賀禮)의 반열에 서게 하라."

이호(二胡)가 명을 듣고 즉시 달려와서 부하 오랑캐[從胡]들로 하여금 우리들의 머리·허리·손·발을 나누어 잡고 하례의 반열로 향하게 하였는데, 나는 곧 몸을 구르고 손을 내저으며 있는 힘을 다해 굳게 뿌리쳤다. 이에, 손을 잡은 자는 옆으로 끌어당기고 발은 잡은 자는 거꾸로 끌어당겨 위로 갔다가 아래로 가고, 왼쪽으로 갔다가 오른쪽으로 가니 잠시도 그치지 않아, 의관이 다 찢어지고 머리카락이 어지러이 헝클어졌다. 자욱한 먼지가 입을 막아 숨을 쉴 수 없었지만 오히려 제 힘으로 항거하는 게 마치 육박전을 벌이듯 하였다. 비록 엎치락뒤치락할 때에도 또한 허리를 굽히지 않았으니, 굴복하지 않는다는 뜻을 보인 것이다. 이때 포로가 된 한인(漢人: 명나라 사람) 수십 여 명이 가까이에 앉아서 서로 보고 칭찬하며 눈물을 훔치지 않는 자가 없었다. 그런데 그 중의 한 사람이 몇 글자를 모래 위에 써서 보이니, 군관(軍官) 신여호(申汝豪)·박사명(朴士明) 등은 오랑캐들이 볼까 두려워하여 즉시 모래를 휘저어 글씨 흔적을 없애버렸다. 그가 쓴 글자가 곧 의리는 백이숙제(伯夷叔齊)와 같고 절개는 소무(蘇武)와 같다는 것이었는데, 그 사람들이 의로웠으니 이 사람도 의롭다는 것이었다.

아직 자세히 살피지 못했을 때, 칸(汗)은 반드시 우리들이 굴복하여 하례(賀禮)에 참여하는 것을 본 뒤에야 그칠 것이어서, 다시 여러 오랑캐들에게 명하여 머리·허리·사지(四肢)를 뒤에서 밀고 앞에서 끌어다가 억지로 땅바닥에 엎드리게 하였다. 그리고 예부(禮部)의 이호(二胡)로 하여금 우리들에게 말을 전하도록 하며 말했다.

"사신은 잠시 하례에 참여하면 즉시 본국으로 돌아가도록 놓아 줄 것이지만, 그렇지 않으면 오늘 결단코 살아나지 못할 것이다."

나는 도리어 고성으로 대답했다.

"오늘 죽는 것은 실로 마음에 달가운 것인데, 어찌 살아서 돌아가는 것을 바라서 갑자기 너희 오랑캐의 뜰에서 절하여 굴복하겠는가? 다만 속히 죽기를 원하니, 이 몸을 갈가리 찢어라."

두 눈을 부릅떠서 좌우를 노려보니, 오랑캐들이 더욱 분노하여 잡아끌어서 짓밟고 또 채찍과 몽둥이로 더하니 몸은 멀쩡한 살갗이 없어 온몸이 피투성이가 된데다 숨기운이 약하고 위태하여 목숨이 곧 끊어질 듯하였다. 포로로 오랑캐 장수가 된 자 가운데 한인(漢人: 명나라 사람) 1명이 보기에 딱하고 서글펐는지 역관(譯官) 이형백(李馨白)을 불러서 말을 전하도록 하며 말했다.

"형제의 나라로서 사신이 한번 절하는 것이 얼마나 의리를 해치기에 자기의 몸을 이렇게까지 아끼지 않는 것이오?"

내가 대답했다.

"우리나라 법에 임금의 명이 있지 않으면, 분수 밖의 예의는 죽더라도 감히 할 수 없는 것이오."

그 한인(漢人)은 혀를 내두르며 좌우를 돌아보고 말했다.

"사신다운 사신이여, 많기도 많구나(多也多也)."

소위 다야(多也)란 것은 훌륭함을 칭송하는 말이다. 이어서 우리들의 성명을 듣고 곧 장막 안으로 들어가서 한참 동안 있다가 다시 나와 부하 오랑캐[從胡]들에게 분부하여 말했다.

"지금은 그대로 두고 더 이상 해치지 마라."

아마도 그 한인(漢人)이 그의 상관에게 청하여 그만두게 한 것이리라. 이윽고 오랑캐들을 오라고 하여 우리들 및 일행의 원역(員

役: 구실바치)들을 몰아다 장막 밖의 밭도랑에 가두어 두고서 굳게 지키도록 하였다. 갇혀 있는 곳의 지세가 땅이 움푹 들어간 것이 가장 심해서 한 덩이 돌에 몸을 지탱하자니 온몸이 아파서 눈물 흘러내리는 것을 걷잡을 수 없어, 장막 안의 사람들은 처연하게 모두 울었다.

비록 상세히 보지 못했지만, 그들이 행하는 교례(郊禮)에서 때때로 찬알(贊謁: 절차를 아뢰는 사람)이 있어 풍악을 울리는 소리가 나면, 많은 오랑캐들은 나열하여 머리를 조아리고 각국 사신들은 하례(賀禮)를 올렸다. 해질 무렵에야 칸(汗)은 교례를 파하고 성으로 돌아갔는데, 황룡포(黃龍袍: 황제의 정복)를 입고서 백총마(白驄馬)를 걸터앉았으며 청개(靑盖: 황제의 마차)와 황개(黃盖)를 각기 2쌍씩 세우고 황기[黃幟]와 적기[赤幟]를 각기 5쌍씩 세웠다. 그리고 팔고산(八高山)·제왕자(諸王子)·제장교(諸將校) 이하 거의 모두가 뒤따르며 옹위하였고 깃발과 창이 해를 가릴 정도로 군대의 위세가 매우 성하였다. 칸(汗)이 진(陣) 밖으로 겨우 나오는데, 거센 바람이 크게 일어 덮개와 세워둔 깃발들이 태반이나 부서지고 찢어졌으니 칸(汗) 및 장수와 병졸들이 놀라서 동요하지 않는 자가 없었다.

이윽고 오랑캐 장수 몇 명이 부하 오랑캐[從胡] 40여 명을 데리고 와 겁먹은 우리들을 다그쳐 업고 진(陣) 밖으로 나와 앞뒤로 에워싸서 객관 안으로 몰아넣고 문을 잠그고 가버렸다. 우리들은 객관 안으로 돌아와 누우니 뼈마디가 아파 괴로웠고 기력이 다하여 없어져서 자리에 쓰러져 신음하고 있는 사이, 용골대(龍骨大)·마부대(馬夫大)·만월개(滿月介)·사비하(沙非河)·기청고(起靑古) 등이 객관 밖에 도착해서 서로 만나기를 청하였지만, 나는 말을 전하도록 말했다.

"오늘 거듭 끌려 다니고 맞아서 몸을 움직일 수가 없으니 서로 만나기가 어려울 듯하오."

만월개 등이 문을 밀치고 들어와 곧장 우리들이 쓰러져 누워 있는 곳에 와서 힐난하여 말했다.

"오늘 국한(國汗: 홍타이지)께 성대히 하례(賀禮)를 올릴 때, 대원(大元)의 제왕자(諸王子), 요양(遼陽)의 제대관(諸大官), 달자(㺚子)의 제왕(諸王) 등이 두 손 모아 절하며 칭송하고 축하하였는데 유독 조선(朝鮮)의 사신만 끝까지 굳게 거부하며 준엄히 물리치고 참여하지 않았으니, 이것이 과연 화친을 맺은 의리인 것이오? 하물며 우리 두 나라는 이미 형제의 관계를 맺었으니 형의 성대한 교례(郊禮)에 아우가 참여하지 않을 수 없는데도, 이와 같이 무심한 것은 또한 우리나라를 비루하게 보는 것에 불과한 것이라 화친(和親)을 끊으려는 뜻을 절로 알 수 있소."

나는 즉시 병든 몸을 부축해서 일으켜 기운을 내어 말했다.

"저 대원(大元)·요양(遼陽)·달자(㺚子) 등은 모두 금국(金國)의 포로들이니 오로지 칸(汗)의 명을 따르는 것이야 분수 안의 일인데, 어찌 이것으로 나에게 자랑할 수 있겠소? 나는 곧 대명(大明: 명나라

의 경칭)의 배신(陪臣)이오. 저 포로들과 견주어서는 안 되는데도 금
국(金國)은 도리어 견주어서 같이 보니 이처럼 예의에 어긋나게 위
협과 곤욕을 보이는 행동을 하고 있소. 이는 금국(金國)이 나를 얕잡
아보는 것이니, 그 또한 너무나 심한 것이오."

만월개(滿月介) 등이 말했다.

"뜻이 이미 바뀌고 마음도 이미 사라졌는데, 우리가 어떻게 예의
로 대우하겠소? 내일 칸(汗)께서 또 동교(東郊)로 나가시면서 마땅
히 사신을 초대하실 것이오. 사신이 만약 또 명을 거절한다면 죄
받는 것이 더욱 심할 것이오."

곧 일어나 가버렸다.

十一日。

仍留。早朝, 胡將十名率從胡三十餘名, 列立于舘門之外, 而
禮部二胡, 又來恐喝而言曰:"汗將出郊, 令使臣等速當整服預爲
待候."余曰:"不可往觀之義, 昨已盡言 寧死此不可易志."因脫
紗帽, 團領[27]盡爲裂破, 擲之地上, 而堅臥不起。汗歷過舘門前,
知其相詰不出, 遂發怒, 別勅將胡七名從胡四十餘突入舘內, 扶
執余等, 驅至南門于外七八里許, 卽所謂南郊也。仍使從胡等留
置余等于陣前, 而命繡袍將校數千餘名, 分立左右, 各定班
次[28]。又招禮部二胡, 咆哮指點而言曰:"朝鮮使臣, 倂爲捉致,

---

27 團領(단령): 조선시대 관원이 착용하던 두루마기처럼 생긴 冠服. 단령의 깃은 黑綿布
    (검은색 무명)를 꿰매어 만든다. 대개 평상복은 단령·사모·띠[帶]·靴로 구성된다.

使立班列." 二胡聞命卽來, 使從胡等分執余等頭腰手足, 向其班
次, 余乃蹻身揮手, 盡力牢却. 於是執手者橫曳, 執足者倒曳,
上之下之, 左之右之, 移時不止, 衣冠盡破, 頭髮亂落. 塵埃塞
口, 呼吸莫通, 而猶自力拒, 有若搏戰者. 雖其顚仆之際, 亦不
曲腰, 以示不屈之義. 時有被擄漢人數十餘名, 坐近相視, 莫不
嘖嘖抆淚. 而其中一人有書數字於沙上以示, 軍官申汝豪·朴士
明等, 而恐爲胡人之所見, 卽爲之揮沙滅迹. 其所書字, 則義同
夷齊[29], 節如蘇武[30], 此人之義, 此人之義云.

　未及看審之際, 汗必欲見余等之屈, 參而後已也, 而更勅衆胡
等, 推挽[31]頭腰四支[32], 强仆之地上. 而使禮部二胡傳言於余等
曰: "使臣暫爲叅賀, 則卽使放還本國, 不然則今日決不得生矣."

28　班次(반차): 차례. 관직의 높음과 낮음이나 서열에 따라 늘어서는 것.

29　夷齊(이제): 伯夷와 叔齊. 殷나라 孤竹君의 아들들. 伯夷는 아버지가 동생 叔齊에게
　　선위할 뜻이 있음을 알고 아버지가 돌아가신 후 나라를 사양하고 달아났다. 숙제도
　　형인 백이에게 나라를 사양하고 달아났다. 후에 周나라 武王이 은나라를 치자 형제가
　　말고삐를 잡고 신하가 임금을 배신하는 것은 신하의 도리가 아님을 간했으나 듣지
　　않고 무왕이 천하를 손안에 넣으매, 백이는 아우 叔齊와 함께 周나라의 곡식 먹기를
　　부끄러이 여겨 首陽山으로 들어가서 고사리를 캐먹으며 살다가 마침내 굶어 죽었다.

30　蘇武(소무): 蘇卿이라고도 함. 그의 자가 '子卿'이기에 '蘇卿'으로 불린다. 蘇武는 漢
　　武帝의 忠臣인데, 和親을 위해 匈奴에 使臣으로 갔다가 酋長 單于에게 붙잡혀 服屬할
　　것을 강요당하였으나 이에 굴하지 않았고, 게다가 흉노에게 항복한 지난날의 동료
　　李陵까지 나서서 설득하였으나 끝내 굴복하지 않아, 北海[바이칼호] 부근으로 유폐
　　되어 그곳에서 양치기를 하며 지조를 지켜내다가 19년 만에 송환되었다.

31　推挽(추만): 뒤에서 밀고, 앞에서 끎.

32　四支(사지): 四肢의 오기. 사람의 두 팔과 두 다리를 통틀어 이르는 말.

余乃高聲而答曰: "今日之死, 實所甘心, 豈以生還爲幸, 而遽然
拜屈於爾虜之庭也? 只願速死, 分裂此身也." 瞋目視左右, 衆胡
等益發憤怒, 扶曳蹴踏, 又以鞭扑[33]加之。體無完膚, 流血遍身,
而氣息奄奄, 若將盡矣。所押胡將中有一漢人, 愍然傷之, 招譯
官李馨白, 傳言曰: "兄弟之國, 使臣一拜, 幾何其傷我[34], 而不愛
其身至此哉?" 余答曰: "我國之法, 不有君命, 則分外之禮, 死不
敢爲." 其漢人吐舌, 而顧語左右曰: "使乎使乎[35], 多也多也." 所
謂多也者, 稱美之辭。仍聞余等姓名, 而卽入帳中, 良久還出, 分
付從胡等曰: "今置之, 而勿復侵焉." 盖渠漢人請於厥上官而止之
矣。仍使來胡等 驅余等及一行員役等, 拘置于帳幕外田洫[36]間,
而固守之。所處地勢, 最甚汚下[37], 片石撑體, 全身有痛, 下淚難
禁, 帳中員人, 凄然皆泣矣。

雖不詳見, 渠等所爲之禮, 時有贊謁[38], 動樂之聲, 則衆胡等羅
列叩頭 而各國使臣拜賀矣。日晡後汗罷還, 而着黃龍袍[39], 跨白

---

33 鞭扑(편복): 채찍과 몽둥이.

34 我(아): 義의 오기.

35 使乎使乎(사호사호): 衛나라 靈公의 신하인 蘧伯玉이 보낸 使者에 대해 孔子가 칭찬
   한 말. 곧 훌륭한 사신을 가리킨다.

36 田洫(전혁): 밭 사이로 난 도랑.

37 汚下(오하): 洿下의 오기. 구덩이.

38 贊謁(찬알): 예식을 진행할 때, 예의 절차를 외치며 인도하는 일을 함.

39 黃龍袍(황룡포): 누런빛의 비단으로 지은, 황제가 입던 정복. 가슴, 등, 어깨에 용무
   늬를 수놓았다.

驄馬[40], 立青黃盖各二雙, 竪黃赤幟各五雙. 而八高山·諸王子·
諸將校以下, 擧皆隨後擁衛[41], 旌戟蔽日, 兵威甚盛矣. 汗纔出
陣外, 颶風大作, 所竪盖幟[42]等物, 半爲破裂, 汗及將卒等, 莫不
驚動矣. 有頃, 胡將數人率從胡四十餘名, 催忉余等, 負出陣
外, 前後擁挾, 驅入舘中, 鎖門而去. 余等歸臥舘中, 則骨節痛
楚, 氣力澌盡, 委席呻吟之際, 龍骨大·馬夫大·滿月介·沙非河·
起靑古等, 來到舘外, 請與相見, 余傳言曰: "今日重被曳打, 不
能轉身, 似難相接矣." 滿胡等排門而入, 直到余等頹臥處, 詰言
曰: "今日國汗[43]盛陳賀禮, 大元諸王子·遼陽諸大官·獯子諸國
王等, 莫不拜手稱賀, 而惟獨朝鮮使臣, 終始牢拒, 峻斥不叅, 此
果交好之義耶? 况我兩國, 旣托兄弟, 則兄之盛禮, 弟不可不叅,
而如是邁邁[44]者, 亦不過鄙卑我國, 而絶和之義, 自可見矣." 余
卽扶病而起, 作氣[45]而言曰: "彼大元遼獯等, 皆是金國之俘擄,
則一遵汗令, 乃分內事也, 豈足以此而誇我也? 我卽大明陪臣
也, 非彼俘擄之比, 而金國反欲比而同視, 有此非禮脅辱之擧.
此則金國之鄙我, 其亦甚矣." 滿胡等曰: "意已變矣, 情已盡矣,

---

40 白驄馬(백총마): 푸른 색깔에 흰색이 섞인 말.

41 擁衛(옹위): 곁에서 보호하여 지킴.

42 蓋幟(개치): 幟蓋의 잘못인 듯.

43 國汗(국한): 중국을 통일하기 전의 淸나라 임금을 조선에서 일컫던 말.

44 邁邁(매매): 무관심한 모양.

45 作氣(작기): 기운을 냄. 사기를 올림.

吾何必以禮待之? 明日汗又出東郊, 而當招致使臣。使臣若又拒
令, 則受罪益甚矣." 仍卽起去。

4월 12일。

그대로 머물렀다. 아침 일찍 오랑캐 장수 5명이 부하 오랑캐[從
胡] 수십 명을 이끌고서 객관의 문 밖에 벌여 섰더니, 혹자는 몽둥
이와 쇠채찍을 들고 혹자는 병기를 휘두르며 무리를 지어 당돌하게
들어와 겁박하는 것이 몹시 급하였다. 이에 내가 억지로 힘써 몸을
일으키고 동쪽을 향해 서서 말했다.

"속히 내 목을 베어 가서 칸(汗)에게 바쳐라. 이 목이야 벨 수 있
을지라도 이 뜻은 빼앗을 수 없느니라."

곧바로 부하 오랑캐들이 달려 나갔다. 잠시 뒤에 용골대(龍骨大)
등이 나를 보러 들어와 한편으로 회유하고 다른 한편으로 협박하며
말했다.

"오늘은 칸(汗)께서 사신을 대례(大禮)에 참관토록 시켰으니, 사
신은 다시 굳게 사양하지 말고 뜻에 순종하여 따르도록 하오. 만약
어제처럼 굳게 고집하여 거절하면 크게는 반드시 교외에서 형벌을
받게 될 것이고 작게는 반드시 심양(瀋陽)에 구류될 것이니, 어찌
아침에 성대한 교례(郊禮)에 참여하고 저녁에 고국의 조정으로 돌
아가는 것만 하겠소?"

내가 대답했다.

"이러한 이야기를 구태여 번번이 말하는 것이오? 우리들은 단지 한번 죽는 것을 스스로의 분수로 여겼지 살아서 돌아가는 것을 마음에 두지 않았으니, 죽일 테면 죽이고 구류하면 당할 뿐이오. 어찌 다시 두려워하여 나의 지조를 바꾸겠소?"

용골대(龍骨大)가 말없이 가버렸다.

아침 식사를 마친 뒤에 칸(汗)이 군대의 위세를 크게 떨치며 교외로 나갔는데, 부하 오랑캐 40여 명을 시켜 우리들을 몰아다 세우게 하였다. 어제와 똑같이 오랑캐들이 나의 머리·허리·손·발을 나누어 맡아 쥐고서 밀고 끌며 메고 나와 동문 밖의 5리쯤 되는 곳에 몰아다 놓았는데, 곧 소위 동교(東郊)였다. 이윽고 장교 1천 여 명이 좌우에 줄지어 섰고 반열을 정하는 것이 끝나자, 예부(禮部)의 이호(二胡)가 또 반열에서 나와 포효하듯 꾸짖고 말했다.

"칸(汗)께서 분부하셨으니, 오늘 역시 조선의 사신을 붙잡아 끌어내어라."

오랑캐들이 그 말을 듣고는 한꺼번에 돌진하여 우리들을 붙잡아 끌어다 반열에 나아가도록 협박하였는데, 내가 기운내고 힘을 내어 오랑캐들이 나를 밀어 반열에 배치하려는 것을 물리치려니 분한 생각이 절로 치솟아 꾸짖는 말이 몹시 혹독해지는 것을 알지 못했다. 이에, 오랑캐 졸개 100여 명이 한꺼번에 우르르 몰려나와 우리들을 발로 차고 짓밟으며 구타하여 모래벌판의 갈대밭으로 끌고 갔다가 동교(東郊)의 진흙탕 길에 끌고 오니 사람인지 귀신인지 분간하지 못했다. 칸(汗)이 또 참례하여 축하하라고 하였지만, 나는 꾸짖는 말이 입에서 그치지 않고 더욱 노하여 말했다.

"만승(萬乘: 천자)의 위엄이라면서 어찌 보잘것없는 이 한 몸을 굴복시키지 못하느냐?"

독한 매질이 인정 없이 가혹하여 보기에도 어제보다 갑절이나 더하였는데, 오른쪽 갈빗대를 부러뜨리는데 이르러서는 거의 인사불성이 되었다. 곁에 있던 한인(漢人: 명나라 사람) 10여 명이 누렇게 뜬 나의 모습을 보고 눈물을 머금으며 혀를 끌끌 차지 않는 이가 없었는데, 그 가운데 미모의 한 사람이 역관(譯官) 박인후(朴仁厚)에게 넌지시 말했다.

"나는 광녕 총병(廣寧總兵)이오. 본디 명나라 조정의 녹을 먹은 신하로서 목숨이 아까워 살길을 찾아 이처럼 천지 사이에서 크나큰 죄를 지고 있는데, 지금 그대의 사신이 굴복하지 않는 것을 보니 너무도 부끄러워 차라리 돌연히 죽고 싶어도 스스로 알지 못하오."

말을 마치고 장막 안으로 들어갔다가 곧바로 되돌아와서는 오랑캐들이 매질하는 것을 금하고 포악하게 굴지 못하도록 하였다. 잠시 뒤에 오랑캐 졸개 4명이 장막 안에서 한 상의 성찬(盛饌)을 가지고 와서 먹게 했는데, 내가 분노로 속을 끓이는 중에 그 음식 그릇을 차버리고 부숴버렸다. 오랑캐들이 서로 보며 놀라서 괴이하게 여기고 끊임없이 떠들어댔다.

점심때가 되자, 칸(汗)이 그의 조상 및 부친의 제사를 동교(東郊)의 제단(祭壇)에서 지냈는데, 제사가 마치자 고기를 나누어 먹은 뒤 활쏘기를 하고 파하였다. 저녁 무렵이 되자, 칸(汗)은 황룡포(黃龍袍: 황제의 정복)를 입고 백총마(白驄馬)를 걸터앉고서 위엄 있는 차림새를 성대히 떨치며 돌아왔다. 거듭 역졸(譯卒: 역관과 군졸) 등으로 하여금 우리들을 붙잡아 끌어다 객관(客館) 안에 멋대로 들여보내고서 문을 잠그고 지키게 하였다.

밤이 되자, 용골대(龍骨大)와 만월개(滿月介) 두 오랑캐가 또 정명수(鄭命壽)를 데리고 객관에 도착해서 힐난하여 말했다.

"이번 우리들이 사신으로 나갔을 때에 귀국이 제왕자(諸王子)의 서신을 받지 않은데다 또한 우리 사신들을 살해하려는 뜻이 있었으니, 사신만 오늘 어찌 홀로 그러한 우려가 없겠소? 정묘년(1627)에 하늘을 두고 했던 맹세를 귀국이 먼저 배반하려고 하였으니, 우리나라도 또한 귀국이 우리를 대우한 이치로서 사신에게 갚으려고 하오."

또 말했다.

"칸(汗)이 내일 또 큰 연회(宴會)를 열어서 삽혈동맹(歃血同盟: 피를 입에 바르고 맹세를 하는 것)을 할 것이니, 사신 등은 역시 참여하지 않을 수 없을 것이오."

그들의 말투가 매우 발끈 노했지만, 우리들은 신음하고 있는 중이라서 서로 말을 주고받기가 어려워 그들의 말에 답하지 않았다.

十二日。

仍留。早朝胡將五名率從胡數十餘名羅立于舘門之外，而或杖鐵鞭，或揮兵刃，作輩突入，劫迫甚急。余乃强力起身，東向而立曰："速斷我頭，納于汗前！此頭可斷，此志不可奪也。"輩胡等，卽趍而出。俄而，龍胡等入見余，且誘且脅曰："今日則汗必使使臣叅觀大禮，使臣更勿牢辭，順意聽從可也。若如昨日之堅執固拒，則大必刑戮於郊外，小必見拘於藩中，孰如朝叅盛禮夕歸本朝乎？"余答曰："此等說話，何必每每提發耶？吾等只以一死自分，不以生還爲意，殺則見殺，留則見留而已。豈復懼劫而變我所操乎？"龍胡默然而去。食後，汗大陳兵威，出往郊外，而使從胡四十餘名驅迫余等。一如昨日，輩胡等分執余等頭腰四支，推曳攦出，驅至于東門外五里許，卽所謂東郊也。有頃，將校千餘名，列立左右，班行定訖，禮部二胡，又自行中而出，咆哮叱辱，而言曰："汗分付云，今日亦捉朝鮮使臣而來矣。"輩胡等聞言，一時突進，扶挽余等，迫令趍班，余作氣出力，推排揮却，而憤氣自激，不覺罵語之峻絶。於是，胡卒百餘名，一時倂出，蹴而踏之，歐而打之，曳去沙場蘆葦之田，曳來郊上泥汚之路，不分人鬼矣。汗又令叅賀，余罵不絶口，益怒曰："以萬乘之威，豈不服一介之身耶？"毒楚刻酷，視昨倍加，右脅骨節至於摧傷，而殆不省人事。傍有漢人十餘名，見余頠顱之狀　無不含淚嗟咄，而其中美貌一人，密語驛官朴仁厚曰："吾卽廣寧摠兵也。本以

明朝食祿之臣, 惜命儌生, 負此大罪於天地之間, 今見爾使之不
屈, 悔愧之極, 寧欲溘然⁴⁶而不自知也." 言訖入帳, 旋卽回還, 而
禁抑羣胡等使之, 勿爲侵暴。俄而, 卒胡四名, 自帳中, 共持一卓
盛饌而來饋之, 余於憤懣中, 卽蹴其盤而碎之。羣胡等相顧驚駭,
而呶呶不已。至午時, 汗告祭其祖若父于郊壇, 祭畢, 分肉而食,
試射而罷。臨夕, 汗黃袍白馬, 盛陳威儀而歸。仍使譯卒⁴⁷等扶
挽余等, 馳入于舘中, 鎖門而其守之。至夜, 龍滿兩胡, 又率鄭命
壽到舘, 而詰言曰: "今番我使之出去也, 貴國不受諸王子書, 而
又有殺害我使之意, 使臣今日豈獨無此患耶? 丁卯指天之盟, 貴
國先欲背之, 吾國亦以貴國待吾之道, 欲償於使臣也." 又曰: "汗
明日又設大宴, 而歃血同盟⁴⁸, 使臣等亦不可不叅." 其爲辭氣, 極
其揚勃, 而余等呻痛之中, 難於酬酢⁴⁹, 不答其言。

4월 13일。

구금해 두게 하였다가 아침이 된 뒤에 천조인(天朝人: 명나라 사람)
몇 명이 술과 음식을 마련해 와서 위로하여 말했다.

---

46 溘然(합연): 죽음이 뜻하지 않게 갑작스럽게.
47 譯卒(역졸): 역관과 군졸.
48 歃血同盟(삽혈동맹): 피를 입에 바르고 맹세를 함.
49 酬酢(수작): 말을 서로 주고받음.

"어제 모진 매질을 당한 몸으로 죽지 않았으니 얼마나 요행이오?
열국(列國)이 하례(賀禮)에 참여하고 천시(天时)에 순응하였지만, 홀
로 오직 하례의 반열에 참여하지 않았으니 이제 비로소 동방의 충
성스럽고 의로운 나라임을 알겠소. 지금 불굴의 곧은 절개는 비록
노중련(魯仲連)과 소경(蘇卿: 蘇武)의 절의일지라도 이보다 더하지는
않을 것이오."

반열에 있던 열국(列國)의 사람들은 모두 우러르며 감탄하여 불
굴의 모든 모습을 그림으로 그려내어 자기의 나라에 펼쳐 보일 양
으로 은근히 무엇을 말하려다 눈물을 흘리며 울었다. 나는 기가 막
히고 정신이 혼몽하여 응답하지 못하자, 불쌍하게 여기며 훗날을
기약하고 갔다.

한낮이 되자, 칸(汗)이 또 팔고산(八高山)·제왕자(諸王子)·제장교
(諸將校) 및 투항 한인(漢人: 명나라 사람)·투항 달자(㺚子) 등과 당(堂)
안에 연회를 베풀고서 예절을 갖추어 하례(賀禮)를 받으니, 군졸과
말들의 소란스러운 소리와 찬알(贊謁: 절차를 아뢰는 사람)하고 축하
하는 소리가 온 종일 그치지 않았으나, 끝내 우리들을 초치하지
않았다. 역관(譯官) 김명길(金命吉)과 문지기 오랑캐 장수들은 진작
에 아는 사이였는데, 두 오랑캐 장수는 경원(慶源)의 번호(藩胡: 북방
변경의 오랑캐)이었다. 김명길이 오랑캐 장수에게 물었다.

"들건대 오늘 회동하여 맹세하고 난 뒤에 칸(汗)이 또 우리의 사
신 등을 청할 것이라고 했는데 끝내 그렇게 하지 않았으니, 혹여

깨달아서 그런 것인가? 아니면 따로 다른 뜻이 있는 것은 아니냐?"

오랑캐 장수가 대답했다.

"어제 제사 지내기를 마친 후에 칸(汗)이 그대 나라의 사신을 꼭 죽이려고 제장(諸將)과 의논하려 하였는데, 칸의 조카인 요퇴(要魋)가 나아와 말하기를, '근래에 조선(朝鮮)의 사신들을 보니 연일 협박을 당해도 끝까지 굴복하지 않고 매일 죽기를 바라마지않았습니다. 이는 그들의 뜻이 기필코 한번 죽기를 바라는 것인데, 지금 만약 그들을 죽인다면 우리에게는 사신을 죽였다는 오명을 얻을 것이요, 저들에게는 목숨을 바쳐 의로운 절개를 세우게 될 것이니, 이제 죽기라도 하는 날이면 다른 나라의 웃음거리가 될까 염려됩니다.' 하였소. 칸(汗)이 갑자기 깨닫고서 끝내 다시 초치하지 않았다고 하오."

김명길(金命吉)이 또 물었다.

"그렇다면 장차 본국으로 돌아가도록 석방하려는 것이오? 아니면 구류하고서 영영 보내지 않으려는 것이오?"

오랑캐 장수가 대답했다.

"석방하여 보내주지 않겠소? 나도 자세하지는 않지만, 다만 이미 죽이지 않았으니 영영 구류해두는 조처는 없을 듯하오."

十三日.

拘留朝後, 天朝人數名, 供備酒饌, 來慰曰: "昨日毒楚之身, 幸得不殞耶? 列國叅賀以順天時, 而獨惟不叅賀班, 於今始知東

方忠義之國。今不屈貞節, 雖仲連[50]·蘇卿[51]之義, 無加於此。"在
班列國之人, 共爲景歎, 圖寫不屈諸像, 布示其國樣, 慇懃有言而
涕。余氣塞神昏, 未能答應, 慇慇須後而去。近午, 汗又與八高
山諸王子諸將校及降漢降獜等, 設宴於堂內, 而陳禮受賀, 軍馬
騈闐之響, 贊謁稱賀之聲, 終日不止, 而竟不招致余等。譯官金
命吉與守門胡將曾已識, 兩胡將盖慶源藩胡[52]也。命吉問胡將曰:
"聞今日會盟後, 汗又請我使等云, 而終不果, 其或回悟[53]而然耶?
抑別有他意否?" 胡將答曰: "昨日祭畢後, 汗期欲殺爾使, 而議
于諸將, 則汗侄子要難[54]進言曰: '近觀鮮使, 連日被脅, 終始不
屈, 而每日求死不已。是其志必以一死爲幸, 今若殺之, 則使我

---

50 仲連(중련): 魯仲連. 전국시대 齊나라의 변사. 高節의 선비. 언변으로 상대를 잘 설
   복하여 각국을 돌아다니며 분쟁을 해결하고 위난을 구제해 주었다. 齊의 田單이 燕
   의 聊城을 공격할 때는 요성의 성주에게 편지를 써 싸우지 않고 성문을 열도록 했다.
   이로 인해 제의 전단이 그에게 작위를 주었지만 받지 않고 홀연히 떠나 功成身退의
   면모를 보여주었다. 또 趙의 平原君을 설복하여 秦을 황제로 섬기지 못하게 하였다.
   특히, 그는 "秦이 황제가 되면 나는 동해에 빠져 죽을지언정 그 백성이 되지 않겠다."
   하였다.(《사기》〈魯仲連列傳〉)
51 蘇卿(소경): '蘇武'를 가리킴. 그의 자가 '子卿'이기에 '蘇卿'으로 불린다. 蘇武는 漢
   武帝의 충신인데, 和親을 위해 匈奴에 使臣으로 갔다가 酋長 單于에게 붙잡혀 服屬할
   것을 강요당하였으나 이에 굴하지 않았고, 게다가 흉노에게 항복한 지난날의 동료
   李陵까지 나서서 설득하였으나 끝내 굴복하지 않아, 北海[바이칼호] 부근으로 유폐
   되어 그곳에서 양치기를 하며 지조를 지켜내다가 19년 만에 송환되었다.
52 藩胡(번호): 북방에 있는 변경의 오랑캐.
53 回悟(회오): 同悟의 오기인 듯.
54 要難(요퇴): 貴永介의 아들. 귀영개는 代善(Daišan, 1583~1648)이라고도 하며 禮烈
   親王이라 한다. 누르하치의 차남이다.

受殺使之惡名, 使彼成殺身之義節, 今方當順天之日, 恐貽外國
之笑.' 汗飜然同悟, 遂不更招云." 命吉又問曰: "然則, 其將放還
本國耶? 抑將拘留而永不許送耶?" 答曰: "放送與否? 吾亦不詳
但旣爲不殺, 則似亦無永永拘留之擧矣."

4월 14일.

구류되었다. 오랑캐 장수 등은 적막하게 형체와 그림자도 없었
고, 다만 졸개 오랑캐들에게 영을 내려 물과 불을 막아버렸으나 또
한 절로 통하는 것을 마음대로 할 수가 없었다.

十四日.

拘留. 將胡等寂無形影, 而只令卒胡輩守防水火, 亦不得任意
自通矣.

4월 15일부터 23일까지.

구류되었다. 오랑캐들이 객관의 문이 잠겨있는지 그렇지 않은지
를 날마다 순시하면서 일행의 모든 사람들로 하여금 출입하지 못하
게 하니, 아마 천조(天朝: 명나라) 사람들의 몇 마디 말이라도 전해질
까 한 것에서 기인 한 것이다.

十五日至二十三日.

拘留。卒胡輩鎖斷舘門, 日日巡視, 而使一行諸人不得出入, 盖緣天朝人數語之致矣。

4월 24일。

구류되었다. 아침 늦게 만월개(滿月介)·김옥화(金玉和)·기청고(起靑古) 등이 와서 말했다.

"오늘 바야흐로 칸(汗)의 서신을 지어 완성하면, 내일 아침 응당 사신 등을 내보낼 것이니 미리 알고서 짐을 챙기는 것이 좋겠소."

곧바로 일어나 나갔다.

저녁 무렵이 되자, 용골대(龍骨大)와 마부대(馬夫大) 두 오랑캐가 또 와서 말했다.

"이번 6월 25일에 우리들이 마땅히 상인들의 물건 값으로 인삼을 용만(龍灣)에 운송해줄 것인데, 용만의 사람들이 만약 돕기를 불허한다면 우리는 또한 운송해 갔던 인삼들을 중강(中江)에 쌓아두고 돌아올 것이오."

대수롭지 않고 예사롭게 이야기하지만 매번 공갈하는 기색이 많아서 지극히 놀라웠다.

二十四日。

拘留。晩朝, 滿月介·金玉和·起靑古等來言: "今日方爲撰成汗書, 明早當出送使臣等, 預知治任可也." 因卽起去。臨夕, 龍

馬兩胡又來言: "今六月二十五日, 吾等當運致商賈等物貨價[55]蔘
於龍灣, 龍灣之人, 若不許濟[56], 則吾且以運去之蔘, 積置中江而
歸矣. 尋常話端[57], 每多恐喝底氣色, 殊極痛駭。

4월 25일.

낮에 용골대(龍骨大)와 마부대(馬夫大) 두 오랑캐가 부하 오랑캐[從
胡] 수십 여 명을 거느리고 객관 안에 냅다 들어와서 협박하며 짐바
리들을 싣고는 문밖으로 몰아내었는데, 내가 즉시 용골대에게 말
했다.

"칸(汗)의 서신을 가지고 와 주지 않았으면서 먼저 우리 일행을
몰아 보내려 하니, 이것이 무슨 조처인 것이오?"

용골대(龍骨大)가 말했다.

"칸(汗)의 서신은 금방 가져올 것이니 너무 염려하지 마오."

잠시 뒤에 만월개(滿月介)·김옥화(金玉和) 등이 과연 칸의 서신을
가지고 도착하였는데, 겉과 안이 단단히 봉해져 있어 뜯어볼 수
없도록 하였다. 이에 내가 말했다.

"칸(汗)의 서신을 열어보는 것은 전례가 있었으니, 지금 열어보

55　物貨價(물화가): 물건의 값.

56　濟(제): 接濟. 원조함. 도움. 구제함.

57　話端(화단): 본분을 가리킬 수 있는 실마리가 되는 이야기.

지 못하면 결단코 받을 수가 없소."

용골대가 발끈 성을 내며 말했다.

"칸(汗)의 서신에 쓴 내용은 이미 상인들이 떠나갈 때에 글의 뜻을 풀어 죄다 말한 것이니, 그 사이에 무슨 딴 뜻이 있겠소? 우선 칸(汗)께서 단단히 풀칠해 봉하여 싼 것을 우리 등도 감히 마음대로 꺼내어 뜯을 수가 없소."

이어서 또 말했다.

"귀국이 이 서신을 본 후에 즉시 사신을 보내 회답사(回答使)로 삼는다면 사이좋게 지내려는 뜻을 알 수 있겠으나, 그렇지 않다면 맹약을 업신여기는 단서가 이로부터 드러내는 것이니, 우리나라도 또한 마땅히 처치할 방도가 있을 것이오. 바라건대 사신은 모름지기 이러한 뜻을 가지고 본국의 조정에 돌아가 아뢰어주오."

이윽고 부하 오랑캐[從胡]로 하여금 협박하여 칸(汗)의 서신을 주고 객관 밖으로 몰아내도록 하였다. 그리고 또 오랑캐 장교 4명으로 하여금 졸개 오랑캐 백여 명을 거느리고 우리 일행의 말을 채찍질해 모는 사람들을 둘러싸도록 하였는데, 빠르기가 성화(星火)같아서 미처 어찌할 사이 없이 삽시간에 하포(河鋪: 十里河鋪)의 60리 되는 곳에 문득 이르렀다. 우리들은 중상을 입은 뒤인데도 또한 더욱더 맹렬하게 달렸기 때문에 정신과 기력이 아주 지치고 다하여 거의 스스로를 보존하지 못했다. 시간이 지나면서 마음이 진정되어 칸(汗)의 서신을 보니, 봉투의 겉면에는 새로운 인장(印章)이 찍

혔고 또 새로 고친 연호(年號)가 쓰여 있었다. 내가 그 서신을 가져
다 땅에 내던지니, 사신 일행을 호위하던 오랑캐 장교 등이 노하여
말했다.

"사신이 비록 존귀하다 할지라도 국칸(國汗)의 서신을 어찌 감히
내던질 수 있소?"

이윽고 절로 다급하게 주워 가지고 갔다.

二十五日。

午時, 龍馬兩胡率從胡數十餘名, 突入舘中, 劫載卜物, 驅出
門外, 余卽言于龍胡曰: "汗書則不爲來授, 而先欲驅送一行, 此
何擧措耶?" 龍胡曰: "汗書今將來矣, 不須爲念." 俄而, 滿月介
·金玉和等, 果持汗書來到, 而內外堅封, 使不得開見. 余曰:
"開見汗書, 自有前例, 今不開見, 決不可受也." 龍胡勃然而言
曰: "汗書措語, 已於商賈等出去時, 釋義盡言, 有何他辭於其
間? 且自汗所堅裹糊封而出, 吾等亦不敢任意開坼矣." 仍又曰:
"貴國得見此書後, 卽送使价以爲回答, 則修好之義可知也 不然
則僑盟之端, 從此而決決, 吾國亦當有處置之道矣. 幸使臣須將
此意, 歸報本朝." 仍使從胡劫付汗書, 驅迫出舘. 而又令將胡四
名卒胡百餘名, 擁挾一行策馬驅人, 疾若星火, 倉卒俄頃之間, 奄
至於河鋪[58]六十里之地矣. 余等重傷之餘, 又加以馳突, 神氣憊

---

58 河鋪(하포): 十里河鋪.

盡, 殆不自保。移時鎭定, 取看汗書, 則皮封外面, 以新印踏之,
而又書其新改年號。余將其書, 擲之于地, 護行胡將等發怒曰:
"使臣雖云尊重, 國汗之書, 豈敢投棄耶?" 仍自急收而持之。

4월 26일。

이른 아침에 우리 사행단을 호위하던 오랑캐들이 또 칸(汗)의 서
신을 가져다 짐바리에 넣어주고, 좌우에서 급히 몰며 질주하여 하
루 사이에 다닌 것이 거의 네다섯 개의 역참(驛站)을 돌 정도였다.
저물 무렵이 되어서 제3연대(煙臺)의 오랑캐 객관에 투숙하였다.

二十六日。

早朝, 護行胡人等又將汗書, 付之于卜物上, 而左右翼挾急驅
疾, 行一日之間, 幾廻四五站矣。至暮, 投宿于第三煙臺胡舘。

4월 27일。

오랑캐들은 어제처럼 빨리 달려서 다섯 개의 큰 시내를 건너고
두 개의 큰 고개를 넘었다. 저물 무렵 통원보(通遠堡)에 도착하여
객관의 문 밖에다 그대로 장막을 치고 묵었다.

二十七日。

胡人等如昨疾驅, 涉五大川, 越二大嶺。暮到通遠堡, 舘門之

外, 仍爲設幕, 止宿。

4월 28일.

아침 식사를 한 뒤에 우리 사행을 호위하던 오랑캐들은 모두 작별하고 돌아갔는데, 칸(汗)의 서신은 억지로 우리들의 짐 속에 넣어주었다. 나는 처음에 칸의 서신을 가져다 수백 더미의 백지 속에 몰래 넣어두었다가 또 청포(靑布) 및 청서피(靑鼠皮: 회색 빛깔 족제비류의 가죽)를 넣은 8개 상자에 함께 봉하고서, 또한 백미(白米) 2석(石), 건어물 2봉지, 건마(蹇馬: 절뚝말) 1필을 가져다 통원보(通遠堡)의 수비 장수가 있는 곳에 남겨주어 그로 하여금 심양(瀋陽)에 되돌려 보내게 하고는, 그대로 짐바리가 많고 말이 병들어서 운송해오기가 어렵다고 핑계를 대며 돌아왔다. 저녁에 팔도하(八渡河)를 건너 백안동(伯顔洞)의 시냇가에 이르러 그대로 유숙하였다.

二十八日。

朝食後, 護行胡人等, 皆辭別而歸, 汗書則勒付于余等行中。余始將汗書, 潛置于數百卷白紙之中, 而又以靑布及靑鼠皮等物八筒同封, 且將白米二石, 乾魚二封, 蹇馬一匹, 留給于通遠堡守將處, 使之還送瀋中, 而仍以卜重馬病, 難以運來爲托而歸。夕涉八道河[59], 至伯顔洞[60]川邊, 仍爲留宿。

4월 29일.

먼동이 트기 전인 이른 새벽에 우선 군관(軍官)인 전 만호(前萬戶) 신여호(申汝豪)·역관(譯官) 김명길(金命吉) 등으로 하여금 받들어 먼저 가져오게 했던 장계를 내보냈다.

二十九日。

曉頭, 先使軍官前萬戶申汝豪·譯官金命吉等賫持先來, 狀啓出送。

[협주]

수사(水使) 류지경(柳持敬)은 병자년(1636) 정월에 검산산성(劍山山城)으로 유배가다 서흥(瑞興)에 당도하여 신병으로 말미암아 머무르다 3월 4일에야 유배지로 출발하여 기성(箕城: 평양)에 다시금 도착하였다.

병자년(1636) 2월 25일 서흥에 있었는데, 이날 춘신사(春信使) 나덕헌(羅德憲)이 경성(京城)에서 서흥에 들어왔다고 하였다. 27일 서흥에 있다가, 오랑캐의 차사(差使)가 경성에 도착해 따르기 어려운 일을 요구하고 있다는 것을 듣고서 반드시 큰 혼란이 뒤따를까 염려스러웠다.

3월 2일, 오랑캐 차사(差使)가 용천관(龍泉館)에 묵었는데, 약탈하는

---

59 八道河(팔도하): 八渡河의 오기. 압록강 서안의 중국 측 변경지경에 위치한 하천. 현재에는 알 수가 없다.

60 伯顔洞(백안동): 조선에서 북경으로 가는 도중에 있는 지명. 元나라 초기에 世祖 忽必烈의 신하로서 송나라를 공벌하는 공을 세우고 그 후 太傅까지 지낸 伯顔이 군사들을 주둔시켰다고 하는 곳이다.

등 마구 행패 부리는 일은 차마 말할 수 없고, 심지어 무기 창고에 갑자기 들어가 봉인된 것을 탈취하는 데까지 이르렀다. 4일, 출발하여 봉산(鳳山)에서 묵었다. 5일, 저녁이 되어서야 황주(黃州)에 도착하였다.

4월, 순찰사(巡察使: 洪命耉)는 귀향을 불허할 뜻이 있어서 염려스러운 바이나, 회답사(回答使)가 오기를 기다려서 임금께 여쭈고 가거나 머무르거나 하도록 결정하는 것이 좋다고 하였다. 11일, 언양(彦良)을 용천(龍川)에 보내어 그의 상전 행차를 기다리도록 했으니, 언양은 나선전(羅宣傳)의 사내종으로 나선전이 신사 군관(信使軍官)으로서 심양(瀋陽)에 들어갔기 때문이다. 23일, 의주 부윤(義州府尹: 李浚)이 순찰사에게 급히 보고하기를, 신사(信使)의 일행이 금명간 의주부(義州府)에 당도할 것이라 하였다. 24일, 신사보다 앞서서 돌아온 역관(譯官)이 기성(箕城: 평양)에 들어와 전하는 심양(瀋陽)의 소식은 헤아릴 수 없는 정상이 많이 있어서, 장차 변방에 근심이 올지는 말할 수 없다고 하였다. 25일, 순찰사(巡察使) 홍명구(洪命耉)가 소(疏)를 올려 국경에서 처단하고 효시하기를 청하니, 곧 춘신사 나덕헌(羅德憲)과 회답사 이확(李廓) 두 사신이었다. 28일, 신사가 기성(箕城)에 들어와 곧장 순찰사에게 가서 회포를 펼쳤다. 29일, 신사의 일행이 아침 일찍 출발했기 때문에 다시 뵙지 못했다고 하였다. 아공(啞公)과 함께 기성에서 출발하여 저녁이 되어서야 중화(中和)에서 묵었다.

5월 13일, 의주 부윤이 급히 올린 보고서에는 오랑캐 기병 20여 명이 구련성(九連城)의 근처에 출몰했다고 하였다. 오랑캐의 서신을 도중에 던져버려서 없기 때문에 두 사신의 이름이 격서에 적힌 것이었다. 6일, 황주 목사(黃州牧使)는 회답사가 내려올 때 응접하는 일로 장막(帳幕)에

나와 기다렸다고 하였다. 4월 8일 기성에 있었는데, 사면교서가 내려온
것은 격서에 대한 회답을 보내오는 것이 아니겠나. 두 사신이 오랑캐의
서신을 도중에 던져버리자, 조정에서 심양(瀋陽)에 격서를 보낸 적이 있
다고 하였다. 17일 황주(黃州)에 있었는데, 심호여(沈浩如)의 동생이 경
성(京城)에서 내려와 나덕헌과 이확 두 형이 장차 유배될 기미가 있다고
하는 것을 들었다.

6월 7일 황주에 머무르면서 이회백(李會伯)·안여우(安汝愚)·이 삭주
(李朔州)·오 만호(吳萬戶)·최 별장(崔別將) 등과 함께 사인암(舍人巖)에
같이 가서 나덕헌과 이확 두 형의 일행을 기다리고자 하였으나, 모두
정배되었고 아직 봉성(鳳城)에 도착하지 않았다고 하였기 때문에 되돌아
왔다.

柳永使持敬⁶¹, 丙子正月, 謫劒山之城, 行到瑞興⁶², 以身病留滯,
三月初四日, 乃得發行謫所, 還到箕城⁶³。丙子二月二十五日, 在瑞
興, 是日春信使羅某, 自京入來云。二十七日, 在瑞興, 聞胡差到京,
有難從之事, 必有大亂可慮。三月二日, 胡差下宿龍泉舘⁶⁴, 奪掠橫

---

61 柳永使持敬(류수사지경): 충청도 수군절도사를 지낸 柳持敬(1576~1650). 본관은 文
化, 자는 德久, 호는 竹翁. 나주 출생이다. 1597년 정유재란의 공적으로 일등공신이
되었고, 1624년 李适의 난 때 황해도관찰사 林𥙿의 中軍으로서 공을 세웠다. 1626년
珍島郡守가 되고 鐵山府使, 加德僉使, 全州中軍을 거쳐, 1635년 7월 公淸道水使에
제수되었으나 같은 해 10월 28일 사사로운 영리를 취하여 군졸들을 침탈했다는 公淸
道 암행어사 姜大遂의 상소로 파직되어 劒山山城으로 유배되었다. 곧 해배되어 守禦
中軍으로 재직 중이던 1636년 병자호란이 발발하자 왕을 南漢山城에 扈駕하였다.
62 瑞興(서흥): 황해도 중북부에 있는 지명.
63 箕城(기성): 평양의 옛 이름.
64 龍泉舘(용천관): 황해도 瑞興都護府 龍泉驛 곁에 있는 舘院.

侵之狀, 不忍言, 至於突入軍器庫, 奪取檢劒. 初四日, 發行, 宿鳳
山[65]. 初五日, 夕到黃州[66]. 四月, 巡使[67]有不許歸鄕之意所慮, 待回
答使之來, 稟定去留可也云. 十一日, 送彥良於龍川[68], 待其上典之
行, 彥良羅宣傳奴子, 宣傳以信使軍官入瀋故也. 二十三日, 義尹[69]
馳報巡使, 信使之行, 今明當到義州府云. 二十四日, 信使先來[70], 入
箕城, 瀋陽消息, 多有不測之狀, 將來邊患, 不可言也云. 二十五日,
巡使洪命耇上疏, 請梟示境上[71], 卽羅李兩使. 二十八日, 信使入來
箕城, 卽往敍懷. 二十九日, 信使之行早發, 故不得更奉云. 與啞公,

---

65 鳳山(봉산): 황해도 서북부에 있는 지명.

66 黃州(황주): 황해도 북쪽에 있는 지명.

67 巡使(순사): 순찰사. 조선시대에 각 도의 순찰사.

68 龍川(용천): 평안북도 북서부에 있는 지명.

69 義尹(의윤): 義州府尹 李浚(1579~1645)을 가리킴. 전남 강진 출신이다. 본관은 原
州, 자는 泂之, 호는 歸來亭이다. 1599년 향시에 합격해 1600년 사마시에 합격하고
1606년 무과에 급제하여 1607년 함경도 관찰사 李時發이 砲樓와 성곽을 수축하는데
僉正으로서 좇았으며, 1610년 선전관, 1611년 備邊郎을 거쳐 1612년 副護軍에 승진
해 軍器寺判官이 되었다. 이때 李爾瞻의 인목대비 폐모론이 나오자, 고향에 은거하
였다. 1623년 인조반정 이후로 예조좌랑, 훈련첨정, 1624년 碧潼郡守, 雲山郡守를
거쳐 1625년 安州中軍으로서 鐵甕山城을 수축하였고, 1629년 安興僉使가 되어 1630
년 4월 수군을 이끌고서 椵島를 정벌하였다. 안흥은 조선시대를 통하여 삼남지방의
세곡과 특산물을 실은 배가 통과하거나 軍船 등의 정박지로서 국방의 요새지였는데,
이때 가도에서 劉興治가 副總兵 陳繼盛 등을 죽이고 모반을 꾀하자, 조선은 부원수
鄭忠信으로 하여금 5도 수군을 거느리고 토벌케 하니 李浚도 中軍으로서 종군하였던
것이다. 1631년 宣川府使가 되어 劍山山城을 신축하였다. 1635년 春信使로서 瀋陽을
다녀온 뒤 겨울에 義州府尹을 거쳐 1637년 安州牧使, 1638년 寧邊府使, 1641년 鐵山
府使, 1642년 春川府使 등을 지냈다.

70 先來(선래): 외국에 갔던 사신이 돌아올 대 그보다 앞서서 돌아오는 역관.

71 境上(경상): 境上斬. 두 나라에 모두 관련이 있는 죄인을 국경에서 처단하는 일.

自箕城發行, 夕宿中和。五月十三日, 義尹馳報內, 奴騎二十餘, 出
沒於九連城近處云。無乃胡書投棄中路, 故兩使之名移檄。初六日,
黃牧以回答使下來支待[72]事, 帳幕出待云。四月初八日, 在箕城, 敕
文來, 無乃送檄書之回報耶? 兩使投棄胡書於中路, 朝廷嘗移檄于瀋
陽云。十七日, 在黃州, 沈浩如之弟, 自京下來, 聞羅李兩兄, 將有流
竄之機云。六月初七日, 留黃州, 與李會伯·安汝愚·李朔州·吳萬戶
·崔別將等, 同往舍人巖[73], 爲待羅李兩兄之行, 皆定配, 而尚不到鳳
城云, 故還來.

---

72 支待(지대): 공적인 일로 나간 고관의 먹을 것과 쓸 물품을 그 지방 관아에 바라지하
    던 일.

73 舍人巖(사인암): 黃州의 洞仙嶺 안쪽 높이 포개져 있는 무더기 돌들 사이에 있는 바
    위. 청나라의 사신의 시가 많이 새겨져 있다고 한다.

나덕헌*

윤행임(1762~1801)

    나덕헌(羅德憲)의 자(字)는 헌지(憲之)요, 그 선조는 예장(豫章: 중국 강소성의 고을) 사람이다. 송나라 말, 바다에 배 띄워서 동쪽으로 건너온 자가 있었으니, 나주(羅州)에 본적을 받아 나주 사람이 되었다.

    만력(萬曆) 계묘년(1603) 무과에 급제하여 소경왕(昭敬王: 宣祖)을 섬겼다. 가도(椵島)에서 유흥치(劉興治)가 반란을 일으키자, 나덕헌은 접반사(接伴使)로서 도중(島中)을 엿보고 그곳의 속사정을 탐지해내어 아뢰었다. 숭정(崇禎) 계유년(1633)에 신사(信使: 사신)로서 심양(瀋陽)으로 갔다. 금주(金主: 홍타이지)가 호위하는 병사들을 대단스럽게 벌여 세우고서 접견했는데도, 나덕헌은 의연하게 똑바로 서 있었다. 갑술년(1634)에 또 심양으로 갔다. 마침 얼토당토않은 말이 있었으니, 우리 조선(朝鮮)이 명나라에 구원병을 보내어 후금인을 협공하려 한다는 것이었다. 때문에 후금인이 나덕헌을 욕보여 매

---

* 「羅德憲」, 尹行恁, 《碩齋稿》 권9 〈海東外史〉, 국립중앙도서관 소장.

우 곤란스럽게 했다.

병자년(1636)에 또 심양(瀋陽)으로 갔다. 평양에 이르렀을 때에 후금의 사신 영아이대(英俄爾代: 용골대)를 만났는데, 나덕헌에게 되돌아갔다가 그들의 일이 끝나기를 기다려 함께 심양에 가자고 청하였다. 이에 나덕헌이 말했다.

"그대가 그대 임금의 명을 대하는 것은 내가 우리나라의 어명을 받드는 것과 같으니, 감히 어길 수 없음은 똑같소."

이렇게 말하며 끝내 따르지 않았다.

이때 관찰사 홍명구(洪命耉)는 후금의 사신이 서달(西㺚)과 이르러 서달의 말을 빙자하여 함께 그 임금을 존숭하려 하였기 때문에 서달이 예물을 공납(貢納)하려는 것을 허락하지 않았다. 그러나 후금의 사신은 이를 듣지 않고 그대로 왕경(王京: 한양)에 이르렀다. 태학생(太學生)들은 번갈아 상소를 올려 그들을 참하도록 청하였고, 길거리의 아이들은 기와 조각과 돌을 던져 그들을 내쫓았다. 후금의 사신은 드디어 도망하여 의주(義州)로 돌아와서 나덕헌을 보고 말했다.

"조선은 한갓 남조(南朝: 명나라)만 존숭하고, 어떻게 천명(天命)을 모른단 말이오?"

나헌덕이 말했다.

"우리나라가 신하로서 명나라 조정을 섬긴 지가 또한 200년이나 되는데, 그대가 감히 듣기 거북한 말로 나를 시험하려는 듯하오?"

후금의 사신이 말했다.

"제왕자(諸王子)들이 칸에게 존호(尊號) 더할 것을 의논하는데, 비록 따르지 않으려 한들 될 수 있겠소?"

나덕헌이 크게 꾸짖어 말했다.

"내 머리가 칸(汗)의 뜰에 걸릴지라도 나의 뜻은 굽힐 수 없을 것이오."

겨우 회답사(回答使) 이확(李廓)과 함께 심양관(瀋陽館)에 도착했다.

4월11일 오랑캐 수십여 명의 기병이 와서 '칸(汗)이 하례(賀禮)를 받으려 한다.'고 말하자, 나덕헌이 말했다.

"내가 죽을 곳을 얻었소."

이확과 함께 동쪽을 향해 네 번 절하고 관대(冠帶: 벼슬아치의 공복)를 찢은 뒤 검을 뽑아서 다른 사람에게 주며 말했다.

"굳이 우리를 겁박하고 싶다면 속히 우리의 목을 베어라."

두 사람은 서로 머리카락을 풀어헤치고 머리를 맞대어 상투를 묶은 뒤, 손가락을 마주해 꽉 끼어 엇물린 채로 누워버렸다. 금주(金主)가 또 기병을 풀어놓고 재촉하여 두 사람을 잡아다 남교(南郊)로 몰아가게 하였다.

이때 금주(金主)는 분수에 넘친 존호를 받았으니 '관온인성황제(寬溫仁聖皇帝)'라 하였고, 국호를 '대청(大淸)'이라 하며 연호를 '숭덕(崇德)'이라 하였다. 팔고산(八固山)·제왕자(諸王子)들이 수놓은 옷을 입고 붉은 모자를 쓰고서 좌우에 배치되어 늘어섰는데, 두 사람을 잡아다 모전(毛氈) 장막을 드리운 곳의 반열에 나아가도록 하였다.

검과 창들이 서로 부딪치는 소리를 내고, 사나운 오랑캐가 담장처럼 에둘렀다. 두 사람은 그 사이에 산처럼 요동하지 않고 서서 눈을 부릅뜨고 응시하였다. 금주(金主)가 아랫사람에게 명하여 두 사람의 손과 발을 붙잡아 거꾸로 매달게 하니, 두 사람의 머리털과 수염이 죄다 아래로 늘어졌다. 나덕헌은 이때 나이가 64세였지만 오히려 사력을 다해 대항하느라, 육박전을 벌인 것 같은 모습이었다.

금주(金主)가 그를 회유하여 말했다.

"교례(郊禮)에 참여하여 하례하면 살 것이고, 참여하여 하례하지 않으면 살지 못할 것이다."

나덕헌이 성난 목소리로 말했다.

"차라리 하례하는 반열에 참여하지 않아 살지 못할지언정 차마 하례하는 반열에 참여하여 살고 싶지 않소."

이에, 매질과 채찍질이 번갈아 내리치자, 피가 옷을 적시고 땅이 이 때문에 붉게 물들었다. 한인(漢人: 명나라 사람)으로 오랑캐에게 투항한 자들은 부끄러워서 얼굴을 붉히며 죽고 싶어 하지 않는 이가 없었다.

그 다음날, 금주(金主)는 동교(東郊)에서 제(祭)를 지내고 또 두 사람을 잡아다 으르며 절하게 하니, 나헌덕이 말했다.

"죽일 테면 죽여라."

이렇게 말하면서 꾸짖기를 끝내 그치지 않으니, 오랑캐들이 또 그를 구타하여 오른쪽 갈비뼈를 부러뜨렸다. 이윽고 나덕헌에게 음식을 먹이자, 기절했다가 다시 깨어나 그 그릇을 발로 차버렸다.

또 그 다음날, 금주(金主)가 큰 연회(宴會)를 연 뒤에 두 사람을 죽이려고 의논하였는데, 금주(金主)의 조카인 요퇴(要魋)가 간하였다.

"저들은 죽는 것을 영광으로 여깁니다. 만약 정말 죽인다면 우리에게는 사신을 죽였다는 오명이 남을 것이요, 저들에게 목숨을 바쳐 의로운 절개를 세우게 될 것이니, 또한 다른 나라의 웃음거리가 될까 염려됩니다."

금주(金主)가 마침내 죽이지 않고 글을 봉함하여 나덕헌에게 주니, 나덕헌은 봉함을 뜯어보고 싶어 하였다. 금주(金主)는 백여 명의 기병으로 하여금 나덕헌을 통원보(通遠堡)까지 내쫓았는데, 나덕헌이 스스로 생각하건대 금주(金主)의 서신에 새로운 인장(印章)이 찍혔으니 가지고 가는 것도 불가하고 또 찢어 버리는 것도 불가하였다. 그리하여 몰래 종이상자 속에 넣어 말 한 마리에 싣고서 통원보 사람에게 말했다.

"말이 병들었으니 우선 심양(瀋陽)에 돌려보내고서 훗날을 기다리자."

이때 변경에서는 이확과 나덕헌이 오랑캐의 뜰에서 하례에 참여하였다는 말이 전해졌는데, 관찰사(觀察使: 홍명구)는 그들을 참하기를 청하였다. 그러나 이조판서 김상헌(金尙憲)은 두 사람이 의를 드날린 것이 매우 명백하니 죄가 참형을 받기에 마땅치 않다고 말했다. 왕(王: 인조)이 명하여 나덕헌은 백마성(白馬城)으로, 이확은 선천부(宣川府)로 각각 유배를 보냈다.

도독(都督) 심세괴(沈世魁)가 포로로부터 두 사람이 굽히지 않은 실상을 듣고서 황조(皇朝: 명나라 조정)에 보고하기를, '반역 오랑캐의 협박에도 조선의 사신들은 절의를 지켰다.'고 하였다. 몇 개월이 지나서 후금이 동쪽으로 우리나라를 침략했다. 왕(王: 인조)이 금주(金主)의 군영(軍營)에 갔을 때, 금주(金主)가 물었다.

"나덕헌은 어디에 있소? 지난번에 그처럼 굴복하지 않더니 지금 서로 만날 수 없겠소?"

심양(瀋陽)의 사람들은 이확과 나덕헌의 항절도(抗節圖)를 그려서 기렸으며, 열황제(烈皇帝: 崇禎帝 毅宗)는 심세괴(沈世魁)가 주달한 것으로 인해 감군어사(監軍御史) 황손무(黃孫茂)를 파견하여 칙명을 내려 이확과 나덕헌을 포상하고 유시(諭示)하려 했으나 심세괴가 죽어서 이러한 사실을 들을 수 없게 되었다. 나덕헌은 나중에 통어사(統禦使)가 되었고, 경진년(1640)에 죽었다.

나덕헌은 사람됨이 간묵(簡默)하고 강직하며, 몸가짐이 장중하고 시비가 매섭게 준엄하며, 일을 헤아릴 때마다 마치 신과 같았다. 일찍이 후금의 차사[金使: 용골대]가 왔을 때, 홀연히 말을 치달려 없어지자 사람들 모두가 놀라서 의아해 하였다. 나덕헌이 병조판서 김시양(金時讓)에게 찾아가서 지공자(支供者)로 하여금 동문(東門) 밖에 가 기다리게 하고 말했다.

"이 오랑캐 놈이 필시 은밀히 남한산성을 정탐하되 남들이 알아채지 못하게 하려는 것이오. 그러나 돌아올 때는 반드시 성 밖에 잠시 쉴 것이니, 우리가 만일 먼저 마중 나가 있으면 저들은 감히 우리에게 사람이 없다고 말하지 못할 것이오."

그 후에 과연 그 말과 같았고, 후금의 차사(差使)는 낙담하여 풀이 죽은 기색이었다. 나덕헌은 도모하고 계획하는 것이 왕왕 이와 같이 비범하였다.

금상(今上: 정조) 무술년(1778)에 특별히 병조판서를 추증하고 충렬(忠烈)이라 시호하였다. 만일 나덕헌으로 하여금 그때를 만나지 못하게 했다면 또한 항오(行伍) 사이의 한 무부(武夫)에 그칠 뿐이었을 것이다. 곤경을 당하고 낭패를 당하다 죽었어도 후회하지 않는 것은 아무리 홍호(洪皓)·주변(朱弁)에게라도 많이 양보하기가 쉽지 않을 것이다. 아, 위대하도다.

羅德憲, 字憲之, 其先豫章¹人也。宋末, 有浮海而東者, 受籍于羅州², 爲羅州人。萬曆³癸卯, 以武科事昭敬王⁴。及椵島⁵劉興治⁶之難, 德憲以接伴使⁷虭島中, 獲其隱情以聞。崇禎⁸癸酉, 以

---

1 豫章(예장): 중국 漢나라 때 현재 江西省에 설치되었던 縣.
2 羅州(나주): 전라남도 중서부에 있는 지명.
3 萬曆(만력): 중국 명나라의 제13대 황제인 萬曆帝 神宗의 연호(1573~1620).
4 昭敬王(소경왕): 명나라 諸侯로서의 시호. 임진왜란 때의 조선왕 宣祖를 가리킨다.
5 椵島(가도): 평안북도 철산군 백량면에 속하는 섬. 皮島라고도 한다.
6 劉興治(유흥치): 毛文龍의 부하. 1630년 椵島에서 반란을 일으켜, 모문룡 사후 대신

信使赴瀋⁹。金主列兵衛¹⁰甚盛以見之，德憲立巍然也。甲戌，又
赴瀋。會有譌言謂本朝助兵皇明¹¹，挾討金人也。故金人辱德憲
甚困焉。丙子，又赴瀋。至平壤¹²，遇金使者英俄爾代¹³請德憲
還，待其事竣，偕之瀋。德憲曰："爾之於爾君之令，猶吾之奉吾
國命耳，不敢違一也。"遂不從。時觀察使洪命耈以金使者，與西
㺚至，欲藉西㺚之言而共尊其主也，不許西㺚之貢幣。金使者不
聽，至于王京。太學生¹⁴交章¹⁵請斬之，街路童子投瓦石逐之。金
使者遂逃還之義州，見德憲曰："朝鮮徒尊南朝，奈何不識天命？"
德憲曰："我國臣事明朝，且二百餘年，若敢以嫚語嘗我耶？"金使
者曰："諸王子議加號，雖欲不從，得乎？"德憲大叱曰："吾首懸汗
庭，吾志不可屈。"乃與回答使李廓，俱到瀋館。四月十有一日，虜
數十騎來言'汗欲受賀。'德憲曰："吾得死所。"與李廓東向四拜，裂

해서 군대를 지휘하고 있던 부총병 陳繼盛을 죽이고 병권을 잡은 뒤 우리 백성을
죽이고 노략질하였다. 그러나 1631년 遊擊 張燾에 의해 피살되었다.

7 接伴使(접반사): 외국 사신을 접대하던 임시직 벼슬아치.

8 崇禎(숭정): 중국 명나라 제14대 황제인 崇禎帝 毅宗의 연호(1628~1644).

9 瀋(심): 瀋陽. 중국 遼寧省의 省都. 淸나라 초기의 수도였다.

10 兵衛(병위): 병사의 호위.

11 皇明(황명): 명나라를 높이는 말.

12 平壤(평양): 평안남도 대동강 북안에 있는 지명.

13 英俄爾代(영아이대): 龍骨大의 다른 표기.

14 太學生(태학생): 조선시대 成均館의 葬儀 이하의 生員과 進士를 통틀어 일컫는 말.
  성균관에서 기거하며 공부하던 유생이다.

15 交章(교장): 두 개 이상의 기관에서 같은 내용의 글을 상소할 때 사연을 합하여 함께
  상소하던 일.

冠帶, 因拔劍授人曰: "必欲劫我, 速斫我頸." 二人相與解髮, 駢首
縮鬐, 交手指堅握, 鉤連而臥。金主又縱騎促之, 執二人驅之南
郊。時金主受僭號曰'寬溫仁聖帝', 國號大淸, 年號崇德。八固山
·諸王子, 繡襖紅纓[16], 排列左右, 促二人就班甋帷。劍㦸相戞, 獷
胡如堵。二人山立於其間, 張目視之。金主令其下執二人手脚而
倒之, 髮鬚盡落。德憲時年六十四, 尙力拒如搏戰[17]狀。金主誘
之曰: "參賀生, 不參賀不生." 德憲厲聲曰: "寧不參賀不生, 不忍參
賀而生." 於是, 鞭箠交下, 血漬于衣, 地爲之赤。漢人投降者, 莫
不柲然欲死。其明日, 金主祠東郊, 又執二人贊之拜。德憲曰:
"殺則殺耳." 罵逐不絶, 虜又敺之, 折其脇。因饋饌德憲, 氣絶復
蘇, 踢其器。又明日, 金主大會, 將議殺二人, 金主之兄之子要魋
諫曰: "彼以死爲榮, 若果殺之, 我有殺使之名, 彼有成仁之節, 亦
恐貽笑於他國." 金主遂不殺, 緘書以授德憲, 德憲欲開緘以視
之。金主使百騎驅德憲至通遠堡, 德憲自念金主書押以新印。不
可以齎往, 又不可以毁棄。乃潛置紙布笥中, 負以一馬, 謂堡人
曰: "馬瘏矣。姑送瀋陽以俟之." 於是, 邊上傳言廓德憲參賀虜庭,
觀察使請斬之。吏曹判書金尙憲[18]言二人抗義甚明白,　罪不當

16　紅纓(홍영): 붉은 색의 갓끈. 여기서는 붉은 색의 모자를 가리킨다.

17　搏戰(박전): 손으로 상대하여 싸움. 곧 육박전을 일컫는다.

18　金尙憲(김상헌, 1570~1652): 본관은 安東, 자는 叔度, 호는 淸陰·石室山人. 아버지
　　는 都正 金克孝이다. 金尙容의 아우이다. 尹根壽의 문인이다. 1596년 정시문과에
　　급제, 1608년 文科重試에 합격하여, 1611년 승지로 李彦迪·李滉의 문묘종사를 반대

斬。王命謫德憲于白馬城, 廓于宣川府。都督沈世魁[19], 因俘人
聞二人不屈狀。告于皇朝曰: '逆虜迫脅, 朝鮮臣守義.' 居數月, 金
人東侵, 王如金主營, 金主問: "羅德憲安在? 嚮者若不屈, 今不得
相見耶?" 潘人作廓德憲抗節圖而美之, 烈皇帝[20]因沈世魁奏, 遣
監軍御史黃孫茂, 降勅褒諭, 而世魁死, 莫得以聞。德憲後爲統禦
使, 庚辰卒。德憲爲人簡亢莊重, 言議激厲, 料事動輒如神。嘗金
使之來也, 忽躍馬而逸, 人皆驚惑。德憲就見兵曹判書金時讓[21],

하는 鄭仁弘을 탄핵하다가 좌천되었고, 1613년 사돈인 金悌男이 賜死되었을 때 연좌
되어 延安府使에서 파직되었다. 1623년 인조반정 후 대사간을 거쳐, 1636년 병자호
란 때 斥和論을 주장하다 청에 항복하자 안동으로 돌아갔다. 1639년 청의 출병 요구
에 반대하는 상소를 하여 청에 압송되었다. 1645년에 소현세자를 수행하여 귀국하
였다. 효종이 즉위하자 좌의정·영돈령부사를 지냈다. 죽은 뒤 崇明節義派로 朝野에
큰 정신적 영향을 미쳤다. 시호는 文正公이다.

19 沈世魁(심세괴, ?~1637): 명말에 登州總兵으로 청나라에 대항한 장수. 명나라 遼東
都司 毛文龍의 군대가 후금의 군대에 쫓긴 끝에 국경을 넘어 평안도 철산군 앞바다의
椵島에 주둔하게 되자, 1623년 명나라는 후일을 도모하려고 가도에 都督府를 설치
하고 모문룡을 그 도독으로 임명했다. 모문룡이 조정의 명에 따라 遼東에 출전했다
가 실패하고 죽은 뒤, 가도로 도망한 그 잔당 사이에 누차 내분이 일어난 끝에 장사꾼
출신으로 그 딸이 모문룡의 첩이었던 심세괴가 도독이 되었다. 심세괴는 1637년 청
나라와 조선의 연합군에게 패하여 죽었다.

20 烈皇帝(열황제): 명나라 마지막 황제인 崇禎帝 毅宗을 가리킴. 그의 시호가 紹天繹道
剛明恪儉揆文奮武敦仁懋孝烈皇帝이기 때문이다.

21 金時讓(김시양, 1581~1643): 본관은 安東, 초명은 時言, 자는 子仲, 호는 荷潭. 1623
년 인조반정으로 풀려나 예조정랑·병조정랑·수찬·교리를 역임, 이듬해 李适의 난
때는 都體察使 李元翼의 종사관으로 활약하였다. 1634년 지중추부사에 敍用되고 한
성판윤을 거쳐 호조판서 겸 동지춘추·世子左副賓客이 되었다가 9월에 재차 도원수
에 임명되었다. 이듬해에 강화유수로 나왔다가 병으로 사직하였고, 1636년 청백리
에 뽑혀 崇祿階에 올랐으며, 判中樞府事가 되었으나 눈병으로 사직하고 향리인 충주
로 내려왔다.

令支供²²者往候東門外曰: "此虜必陰覘南漢, 欲人不得測。然歸
必少憩城外, 我若先迎候, 彼不敢謂我無人." 已而, 果若其言, 金
使憮然²³色沮。其謀畫往往出奇如此。今上²⁴戊戌, 特贈兵曹判
書, 謚曰'忠烈²⁵'。若使羅德憲不遇其時, 卽亦行間²⁶之一武夫而
止焉耳。困頓顚躓²⁷之死而不悔者, 雖於洪皓²⁸·朱弁²⁹, 未易多
讓。於乎! 偉哉。

『尹行恁,《碩齋稿》卷九〈海東外史·羅德憲〉』

---

22 支供(지공): 음식 따위를 대접하며 받듦. 조선시대 官備物品의 지급을 뜻하는 말로,
   戶曹의 經費司가 주무 官司였다.

23 憮然(무연): 실망한 모양. 낙담한 모양.

24 今上(금상): 正祖를 가리킴.

25 忠烈(충렬): 李德懋가 1778년에 사신을 따라 북경에 갔다가 乾隆帝의 명으로 지은
   《全韻詩》를 보았는데, 그곳에 "太宗文皇帝(홍타이지)가 국호를 세우고 하늘에 제사
   할 제 列國이 와서 축하하되, 조선 사신 羅某와 李某가 유독 절하지 않아 좌우가
   그를 죽이려 하니, 황제가 저들은 예의를 지켜 절하지 않은 것이라, 죽이는 것은
   불가하다고 하여 곧 본국으로 돌려보냈다."는 注가 있었던 것이다. 나덕헌의 5대손
   羅璧天이 이를 알고 1779년 遺事를 마련하여 縉紳들에게 슬피 호소한 결과, 正祖가
   시호와 정문을 내렸다. 이러한 내력은 이덕무의 逸事狀에 자세하다.

26 行間(항간): 行伍之間.

27 困頓顚躓(곤돈전지): 곤경을 당하고 낭패를 당함.

28 洪皓(홍호): 南宋 高宗 때의 충신으로 金나라에 사신으로 갔다가 억류되어 15년 동안
   냉산에 갇혀 있다가 돌아왔는데 온갖 위협과 회유에도 굴하지 않으니, 당시 사람들
   이 송나라의 蘇武라고 칭송하였다고 한다.

29 朱弁(주변): 南宋 高宗 때 주변이 자청하여 금나라로 사신 갔다가 16년 동안 억류되
   었는데, 그가 갇혀 있는 중에 徽宗의 昇遐 소식을 듣고 지은 글에 "임금 따라 죽으려
   도 죽지 못하고 눈물만 흘리노라.(攀龍鱗而莫及淚灑氷天.)"라는 말이 있다.

나덕헌전*

홍경모(1774~1851)

　나덕헌(羅德憲)의 자(字)는 헌지(憲之)요, 그 선조는 예장(豫章: 중국 강소성의 고을) 사람이다. 바다에 배 띄워서 동쪽으로 건너와 대대로 나주(羅州)에 살게 되었고 그대로 그곳을 본관으로 삼았다. 시조인 나부(羅富)는 고려에서 벼슬하며 감문위 상장군(監門衛上將軍)을 지냈다. 전농시정(典農寺正)을 지낸 나공언(羅公彦)에 이르러는 우리 조선의 태조(太祖: 이성계)를 도와 운봉(雲峰)에서 왜적을 정벌하였다. 부친 나사침(羅士忱)은 호가 금호(錦湖)요, 유일(遺逸)로 천거되어 현감(縣監: 尼城현감)을 지냈다.

　나덕헌은 만력(萬曆) 원년 계유년(1573)에 태어났는데, 풍채가 헌걸찼고 말타기와 활쏘기를 잘하였다. 계묘년(1603) 무과에 급제하였는데, 한음(漢陰) 이덕형(李德馨)이 병조판서로 있으면서 그의 재주를 알아보아 선전관으로 발탁하였다. 내직과 외직을 두루 거쳐

---

* 「羅德憲傳」, 洪敬謨, 《叢史》 제8책, 서울대학교 규장각한국학연구원 소장.

길주 방어사(吉州防禦使)에 이르렀다. 인조(仁祖) 갑자년(1624)에 평
안병사(平安兵使) 이괄(李适)이 군사를 일으켜 반란을 꾀하자, 나덕
헌은 도원수(都元帥) 장만(張晩)을 보좌하여 적도들을 안현(鞍峴)에서
격파하였다. 경오년(1630), 가도(椵島)에서 부장(副將: 副總兵) 유흥치
(劉興治)가 그의 상관인 진계성(陳繼盛)을 죽이자, 우리의 조정에서
의논하여 토벌하기로 하고 나덕헌을 접반사(接伴使)에 충원하여 가
도에 들어가 가만히 정탐하게 하였으나, 유흥치가 이미 여순(旅順)
으로 들어가 버렸다. 조정에서 그대로 선천(宣川)과 철산(鐵山) 사이
에 머물러서 가도의 무리를 대비하도록 명하니, 1년 만에 돌아왔
다. 계유년(1633), 신사(信使: 사신)에 충원되어 심양(瀋陽)으로 갔는
데, 만주주(滿洲主: 후금의 홍타이지)가 호위하는 병사들을 대단스럽
게 벌여 세우고서 접견했지만, 나덕헌은 조금도 동요하지 않고 약
속을 어긴 다섯 가지 사항을 들어 힐책하는가 하면 그들 지역의
크고 작음, 병사와 군마의 많고 적음 등을 탐지하여 조목조목 열거
해 신속히 보고하였다. 갑술년(1634), 또 신사로서 심양에 갔는데,
마침 '우리나라가 명나라에 구원병을 보내어 만주 사람들을 공격하
러 온다.'는 거짓소문이 있어서 뜻밖에 몇 달 동안 구류하고 욕보였
지만, 나덕헌은 부당함을 따지며 조금도 굴하지 않았다. 주상(主上)
이 선전관 이정형(李廷馨)을 보내어 사실을 설명하자, 만주주(滿洲
主)가 비로소 귀환하도록 허락하였다. 을해년(1635), 창성 부사(昌城
府使)가 되었다가 의주 부윤(義州府尹)으로 옮겼다. 병자년(1636) 2

월, 다시 신사(信使)로 파견되어서 평양에 도착하여 만사(滿使: 후금 사신) 영고이대(英固爾岱: 龍骨大)를 만나니, 칸(汗)의 명령이라면서 함께 경성(京城: 한양)으로 돌아가 자기들의 볼일이 끝나기를 기다 렸다가 함께 심양으로 가자고 하였다. 나덕헌이 말했다.

"공(公)이 칸(汗)의 명령을 대하는 것이나 내가 우리 조정의 명령 을 대하는 것이 감히 어길 수 없음은 똑같소."

그는 이렇게 말하며 따르지 않았다. 이때 관찰사 홍명구(洪命耈) 가 만사(滿使: 후금의 사신)가 대동한 서달(西㺚)의 예폐(禮幣: 공경의 뜻을 표하는 예물)를 받지 않자, 영고이대(英固爾岱)가 말했다.

"우리 칸(汗)께서 이미 대원(大元)의 50여 왕자를 굴복시켜 하늘 의 뜻과 백성들의 마음이 의지할 곳이 있게 되었기 때문에 지금 칸(汗)께 위대한 존호(尊號)를 더하려 하오. 양국은 형제의 나라이니 어찌 모르게 할 수 있겠소? 서달을 데려온 것을 이 일을 강구하려 는 것이니, 귀국은 마땅히 왕자제(王子弟)를 파견해 와서 하례(賀禮) 하여야 하오."

나덕헌이 말했다.

"저 서달은 황조(皇朝: 명나라)를 배반한 오랑캐이니 우리와 우호 관계를 맺는 것은 부당하오. 귀국이 비록 존호를 더할지라도 우리 가 구태여 하례해야 한단 말이오?"

영고이대(英固爾岱)가 끝내 서달과 함께 경성으로 가서 존호 더 하는 것을 논의하려 하자, 조정의 신하들 및 태학의 모든 유생들이 번갈아 상소를 올려 만사(滿使: 후금의 사신)를 참하라고 청하니, 양국 사이의 틈은 이로부터 비롯되었다.

이때 나덕헌이 의주(義州)에 머물러 있었는데, 회답사(回答使) 이확(李廓)이 또한 이르렀다. 영고이대(英固爾岱)가 나덕헌과 이확을 불러 맞아들여 말했다.

"우리 제왕자(諸王子)가 편지를 썼는데 받지 않은 것은 무슨 까닭인 것이오?"

나덕헌이 말했다.

"편지 속에 구사된 내용이 만약 존호(尊號) 더하는 것을 의논하는 것이라면, 의리상 받을 수가 없소."

영고이대(英固爾岱)가 말했다.

"조선(朝鮮)은 단지 남조(南朝: 명나라)만 존중할 줄 알지 천명(天命)이 돌아가는 바를 모르고 있소. 우리 칸(汗)께서 여러 달족(㺚族)들을 타일러서 항복하게 하고 땅을 크게 넓혔는데도, 오히려 존호를 높일 수 없다는 것이오?"

나덕헌이 말했다.

"우리나라가 신하로 명조(明朝: 명나라 조정)를 섬긴 지 지금 200년이 되오. 군신의 대의(大義)가 해와 달처럼 밝게 빛나거늘, 어찌 듣기 거북한 말로 나를 시험하려는 것이오?"

영고이대(英固爾岱)가 말했다.

"사신이 심양(瀋陽)에 들어갔을 때 대의(大議: 존호를 더하는 논의)가 이미 끝났을 것이니, 비록 따르지 않으려 한들 될 수 있겠소?"

나덕헌이 말했다.

"내 비록 머리가 칸(汗)의 뜰에 걸릴지라도 뜻은 **빼앗을** 수 없을 것이오."

드디어 이확(李廓)과 함께 심양에 도착하였다.

4월, 칸(汗)이 남교(南郊)로 나가 존호를 받으려는데, 포로가 된 역관(譯官) 정명수(鄭命壽)가 사신들에게 가서 참관하도록 청하여 뜻을 시험해보니, 나덕헌이 거절하고 따르지 않았다. 이윽고 오랑캐 수십 명의 기병들이 와서 말했다.

"칸(汗)께서 지금 하례(賀禮)를 받으려 하시니, 복장을 단정히 하고 나와 기다리도록 하라."

나덕헌이 말했다.

"내가 죽을 곳을 얻었다."

마침내 이확과 함께 동쪽을 향해 네 번 절하고서 사모(紗帽)를 망가뜨리고 도포를 찢은 뒤에 차고 있던 검을 뽑아 정명수에게 주며 말했다.

"만일 우리를 겁박하고 싶다면 속히 우리의 목을 베어라."

그리하여 머리카락을 풀어헤치고 이확과 머리를 맞대어 상투를 묶은 뒤 손가락을 끼어 엇물린 채로 누워버렸다.

이때 칸(汗)은 이미 존호를 받았으니 '관온인성황제(寬溫仁聖皇帝)' 라 하였고, 국호를 '대청(大淸)'이라 하며 연호를 '숭덕(崇德)'으로 고

쳤다. 팔고산(八高山)·제왕자(諸王子) 및 장수와 군사들 수천 명이 좌우에 늘어섰는데, 병사들이 호위하는 것이 심히 성대하였다. 장교와 병졸 수십 명이 나덕헌과 이확을 끌어갔다. 나덕헌은 이때 나이가 60여 세였지만 사력을 다해 대항하느라 숨을 헐떡이며 기절할 듯하였다.

포로로 저들의 장수 된 자가 걱정하여 말했다.

"형제의 나라로서 한번 절하는 것이 무엇이 해롭기에 자기의 몸을 이렇게까지 아끼지 않는 것이오?"

나덕헌이 말했다.

"임금의 명이 있지 않으면, 비록 죽더라도 어찌 절할 수가 있겠소?"

그 사람이 좌우를 돌아보고 말했다.

"다야(多也)."

다야(多也)라는 것은 감탄하는 말이다. 칸(汗)이 하례(賀禮) 받기를 끝내고 나덕헌 등을 몰아다 객관(客館)에 들여보냈다.

다음날 칸(汗)이 동교(東郊)에 나가자, 또 붙잡아 가면서 영고이대(英固爾岱)가 말했다.

"오늘 절하지 않으면, 크게는 죽임을 당할 것이고 작게는 구류될 것이오."

나덕헌이 말했다.

"죽일 테면 죽이고 가둘 테면 가두오."

이윽고 크게 꾸짖었다. 저들이 무리지어 마구 때려 왼쪽 갈비뼈를 부러뜨렸다. 오랑캐에게 투항한 광녕 총병(廣寧摠兵)이 남몰래 우리 역관에게 말했다.

"우리는 대대로 명나라 조정에 벼슬하였지만 포로가 되어 죽지 않은 것을 달게 여겼으니 사람이 아닌 것이오. 지금 그대 나라의 사신이 굴복하지 않는 것을 보니 너무도 부끄러워 남들을 볼 수가 없소."

때리는 자를 만류하여 그치게 하였고, 칸(汗)이 또 객관에 구금하도록 명하였다.

다음날, 큰 연회(宴會)를 연 뒤에 두 사람을 죽이려고 의논하였는데, 칸(汗)의 조카인 요퇴(要魋)가 말했다.

"저들은 죽는 것을 영광으로 여깁니다. 우리가 만약 그들을 죽인다면 저들에게는 목숨을 바쳐 절개를 세우게 될 것이요, 우리는 사신을 죽였다는 오명을 받을 것이니, 다른 나라에 알려지게 할 것이 아닙니다."

칸(汗)은 마침내 죽이지 않고 동쪽으로 본국에 돌려보내도록 재촉하면서 국서를 주고는 뜯어보지 못하게 하였다. 나덕헌은 말햇다.

"뜯어보지 못한다면 받을 수가 없소."

영고이대(英固爾岱)가 협박하여 짐바리 속에 넣어주고 백여 명의 기병으로 통원보(通遠堡)까지 호송해 가도록 하였다. 나덕헌이 스스로 생각건대 칸(汗)의 서신을 의리상 가져가는 것도 불가하고 또 찢어버리는 것도 불가하였다. 그리하여 종이 상자 속에 뒤섞어놓고 말 한 마리에 싣도록 하고서 통원보의 사람에게 부탁하여 말했다.

"말이 병들고 짐이 무거우니 우선 심양에 돌려보내고서 후일을 기다리자."

이렇게 하고는 즉시 먼저 군관(軍官)을 보내어 치계(馳啟)하였다.

이때 변경에서는 하례(賀禮)에 참여하고 돌아온다는 말이 전해졌다. 관찰사가 그 소문을 듣고 장계하여 변경에서 참하도록 청하였으며, 삼사(三司: 사헌부·사간원·홍문관) 및 성균관 유생들이 일제히 법률에 비추어 처벌할 것을 청하였다. 그러나 이조판서(吏曹判書) 김상헌(金尙憲)이 두 사신은 절개를 굽힌 적이 없으니 죄를 주기에 마땅치 않다고 역설하여, 나덕헌은 백마산성(白馬山城)으로 이확은 선천(宣川)으로 각각 유배를 보내도록 하였다. 가도(椵島) 도독(都督) 심세괴(沈世魁)가 포로로부터 그 사신이 굽히지 않은 실상을 듣고서 황조(皇朝: 명나라 조정)에 보고하니, '반역 오랑캐의 협박에도 조선의 사신들은 절의를 지켰다.'고 하였다. 열황제(烈皇帝: 崇禎帝 毅宗)가 심세괴의 주본(奏本)을 보고 어사(御史: 감군어사) 황손무(黃孫茂)를 파견하여 칙명을 내려 포상하고 유시(諭示)하려 하였으나, 가도가 이미 격파된 뒤라 그러한 사실을 들을 수가 없었다. 7월에 접반사(接伴使) 이필영(李必榮)이 심세괴가 올린 주본(奏本)을 얻어 아룀으로써 대간(臺諫)의 논란이 그치게 되었다. 얼마 안 되어서 청나라 장수 마복탑(馬福塔: 馬夫大)이 통원보(通遠堡)에서 돌려보낸 국서를 가지고 와서 사신이 하례(賀禮)에 참여하지 않고 국서를 받지 않은 죄를 다스리도록 청하였다. 이에, 우리나라에서 비로소 상세히 알 수 있게 되자, 주상(主上)이 특명을 내려 석방하였다. 몇 달이 지난 뒤에 청나라 군대가 크게 일어나 와서 남한산성을 포위했을 때, 나덕헌은 나주에서 병을 앓고 있어 미처 임금을 호종하지 못했다. 주상이 청나라 군영(軍營)에 가게 되었을 때, 칸(汗)이 나덕헌이 어디에 있느냐고 물었다. 우리나라 사람으로서 심양(瀋陽)으로 들어간 자들이 돌아와서는 말했다.

"한인(漢人: 명나라 사람) 중에 나덕헌이 적소(謫所)에 있다는 것이 사실인지를 묻는 이가 있어 답하기를, '저들은 자결하지 못하고 사명(使命)을 더럽혔기 때문에 죄를 받은 것이다.'고 하니, 한인들이 말하기를, '나라 밖을 나간 신하는 죽임을 당하면 죽는 것이고 죽이지 않으면 굴하지 않을 뿐이거늘, 어찌 사명을 더럽혔다고 한단 말이오?' 그리고 이어서 스스로 자기의 목을 가리키며 말하기를, '단지 이것을 아까워했기 때문에 스스로 명예와 절개를 훼손했으니, 자결하지 못한 것은 바로 우리들을 두고 일컬어야 할 것이오.'라고 하였다."

게다가 심양 사람들의 벽에 두 사신의 항절도(抗節圖)를 걸어둔 것을 보았다고 하니, 주상(主上)이 듣고 더욱 가상하게 여겨 삼도통어사(三道統禦使)로 발탁하여 제수하였다. 몇 년 뒤에 병으로 죽었으니, 대개 심양에서 상한 것이 빌미였던 것이다. 능성(綾城) 구인후(具仁垕)가 와 곡하며 말했다.

"나공(羅公: 나덕헌)이 죽었으니 나라에 인재가 없도다."

나덕헌은 사람됨이 강개하여 기개와 절조를 숭상함이 깊었고, 침착한데다 지혜로운 생각이 있어 일을 잘 판단하였다. 영고이대 (英固爾佱)가 처음으로 와서 객관에 머물러 있을 때, 홀연히 말을 치달려 없어지자 사람들 모두가 놀라서 의아해 하였다. 나덕헌이 빨리 병조판서 김시양(金時讓)을 찾아가 보고 속히 지공관(支供官)으로 하여금 동관왕묘(東關王廟)에 가 기다리게 하며 말했다.

"이 오랑캐 놈이 필시 은밀히 남한산성(南漢山城)을 정탐하고자 남들이 간곳을 알아채지 못하게 하려는 것이오. 그러나 돌아올 때는 반드시 동관왕묘에서 쉴 것이니, 우리가 만일 그곳에서 마중나가 기다리고 있으면 저들은 우리에게 사람이 없다고 말하지 못할 것이오."

과연 그 말과 같았다. 이확(李廓)이 심양(瀋陽)에서 돌아와 일찍이 눈물을 흘리며 남들에게 말한 적이 있었다.

"구타당하고 있을 때에 나는 한창 장성한 나이였는데도 오히려 견딜 수가 없는데, 나공(羅公: 나덕헌)의 안색을 돌아보니 늠름하기가 추상같았다. 갈대밭 사이로 끌려갔을 때는 다만 두 명의 강시(僵尸: 엎드러진 죽은 시체)와 같았을 뿐이었는데, 저들이 음식물을 가지고 오자 정신이 흐릿하여 꿈속 같았지만 공(公: 나덕헌)은 홀연히 두 발을 들어 그것을 차버려 음식상의 그릇들이 10여 걸음 될 곳에 흩어져 떨어졌다. 강직하고 굳센 기개가 만 번 죽어도 변하지 않는 것이 이와 같았다."

건륭제(乾隆帝: 청나라 6대 황제 高宗)가 지은 《전운시(全韻詩)》에 숭덕(崇德: 청나라 태종의 연호)이라는 연호를 세웠을 때의 사실들을 성대히 서술한 가운데, 다음의 말이 있었다.

"조선 사신이 있었는데, 절을 아니 하자 뜻이 유독 틀어졌네."

그 주(注)에 다음과 같이 기록되어 있다.

"태종(太宗: 홍타이지)이 이미 존호(尊號)를 받고 군신(群臣)들이 모두 절을 하고 고두례(叩頭禮)를 행하였지만, 유독 조선(朝鮮)의 사신 나덕헌(羅德憲)·이확(李廓)만이 절을 하지 않아 좌우에서 죽이려 하자, 태종이 말하기를, '사신이 무례한 것은 원한을 맺으려는 뜻을 품고 우호관계를 맺은 맹약을 저버리게 하려는 것이니, 짐은 끝내 한때의 분풀이로 그 사신을 죽이지 않을 것이니 불문에 부치라.'고 하였다."

이 시가 한 번 전해져 나오자, 나덕헌과 이확의 대절(大節)이 환히 빛나 천하에 알려졌다. 훗날 병조참의(兵曹參議)를 추증하였고 '충렬(忠烈)'이라 시호하였고 그 집에 '충신지문(忠臣之門)'이라 정려하였다.

외사씨(外史氏)가 말했다.

"우리나라가 황명(皇明: 명나라)에 군신의 의리와 재조(再造)의 은혜가 있으니, 소국으로 대국을 섬기는 열국(列國)에 비할 것이 아니다. 나덕헌은 이때에 몸이 호랑의 입에 들어갔는데, 손으로 한나라

부절을 쥐고서 온갖 위험과 모욕을 겪으면서도 꼿꼿하게 동요하지
않아 갈비뼈는 부러졌어도 무릎은 굽혀지지 않았으니, 가히 의연한
열장부(烈丈夫)라 이를 만하다. 당시 북경에 간 사신이 그 사실을
듣고 보고하기를, '장군은 끓는 가마솥을 웃으며 돌아보고 시퍼런
칼날 밟는 것을 달게 여겨서 소문이 중화와 오랑캐 지방에 진동하
며 이름이 해와 달과 다투니, 천자가 그 절개를 포창하고 태사(太史:
사관)가 그 훌륭함을 썼다.'고 하였으니, 이는 천하에 만세토록 할
말이 있는 것이다."

羅德憲, 字憲之, 其先豫章人。浮海而東, 世居羅州, 仍籍
焉。始祖富[1], 仕高麗, 爲監門衛上將軍。至典農寺正公彦, 佐我
太祖, 征倭于雲峰[2]。父士忱[3], 號錦湖, 擧遺逸爲顯監。

德憲生於萬曆元年癸酉, 儀貌魁傑, 善騎射。癸卯, 登武科, 漢
陰李公德馨[4]長兵部, 知其才, 拔宣傳官。歷官內外, 至吉州防禦
使。仁祖甲子, 平安兵使李适[5]擧兵叛, 德憲佐都元帥張晚[6], 破賊

---

1 富(부): 羅富. 羅州羅氏의 시조. 중국 예장 출신으로 송나라 개국공신 나언담의 후손
   이자 이부상서를 지낸 羅貴의 형이다. 봉명사신으로 고려에 왔다가 송나라가 멸망하
   자 귀화하여 나주에 정착하였다. 궁성의 수비를 담당하는 監門衛上將軍을 지냈다.
2 雲峰(운봉): 전라북도 남원에 있는 고을.
3 士忱(사침): 羅士忱(1525~1596). 본관은 羅州, 자는 仲孚, 호는 錦湖.
4 李公德馨(이공덕형): 李德馨(1561~1613). 본관은 廣州, 자는 明甫, 호는 漢陰·雙松
   ·抱雍散人. 1592년에 예조참판에 올라 대제학을 겸임하였다. 임진왜란이 일어나자
   동지중추부사로서 일본 사신 玄蘇와 화의를 교섭하였으나 실패했다. 그 후 왕을 정
   주까지 호종하였는데, 병조판서를 두 번이나 지내고 請援使로 명나라에 파견되어,
   원병을 요청하여 성공을 거두었다. 광해군 즉위 후에 영의정에 올랐다.

于鞍峴[7]。庚午, 椵島副將劉興治殺其帥陳繼盛[8], 本朝議討之, 以
德憲充接伴使, 入島詗探, 興治已入旅順[9]矣。朝廷仍命留箚宣
川[10]·鐵山[11]之間, 以備島衆, 周年而還。癸酉, 充信使赴藩, 滿洲

5　李适(이괄, 1587~1624): 본관은 固城, 자는 白圭. 1622년 함경북도병마절도사에 임
　　명되어 임지로 떠날 준비를 할 즈음, 평소 친분이 있던 申景裕의 권유로 광해군을
　　축출하고 새 왕을 추대하는 계획에 가담해 1623년 3월의 인조반정 때 큰 공을 세웠
　　다. 그러나 논공행상에서 밀려 겨우 한성부판윤이 되자 불만이 많았다. 1623년 포도
　　대장을 지낸 뒤 평안병사 겸 부원수에 임명되었다. 1624년 정월에 외아들 李栴·韓明
　　璉·鄭忠信·奇自獻·玄楫·李時言 등과 함께 반역을 꾀한다는 무고를 받았다. 이어
　　서울에서 선전관과 의금부도사 등이 이괄의 軍中에 머물던 아들 이전을 붙잡아 사실
　　여부를 조사한다는 명목으로 영변에 내려오자, 이들을 죽이고 반란을 일으켰다.

6　張晩(장만, 1566~1629): 본관은 仁同, 자는 好古, 호는 洛西. 1599년 봉산군수로
　　나갔을 때 西路에는 명나라 군사가 내왕하여 그들에게 급식을 제공하였는데 조금이
　　라도 마음에 차지 않으면 수령들을 결박하고 욕을 보이는 등 행패가 심하였으나 그
　　들을 잘 다스려서 도리어 환심을 샀다. 이러한 일이 조정에 전하여지자 이를 포상하
　　여 通政大夫에 陞階되고 동부승지에 승진되었다. 특히, 함경도관찰사 재임시에는
　　누르하치(奴兒哈赤)의 침입을 경고하여 그 방어책을 세울 것을 상소하였고, 1610년
　　동지중추부사로 胡地의 산천지도를 그려 바쳤다. 이듬해 李恒福의 건의로 평안도병
　　마절도사로 나가 關西民들이 편리하도록 軍制를 개혁하고, 閭延 등 오래 폐지되었던
　　4郡을 버려둘 수 없음을 역설하고 여진추장에게 사람을 보내어 公牒을 전달하고 조
　　선의 땅임을 인식시켜 들어와 사는 여진사람들을 철수하게 하였다. 1619년 체찰부사
　　가 되어 요동파병에서 패몰하여 서쪽 국경이 동요되자 이를 무마하는데 힘썼으며,
　　왕명으로 贊畫使 李時發과 함께 대후금정책을 협의하였다. 인조반정 후 도원수에
　　임명되어 원수부를 평양에 두고 후금의 침입에 대비하였다. 1624년 李适이 반란을
　　일으키자 각지의 관군과 의병을 모집하여 이를 진압하였다. 그러나 정묘호란에 후금
　　군을 막지 못한 죄로 관작을 삭탈당하고 부여에 유배되었으나 앞서 세운 공으로 용
　　서를 받고 복관되었다.

7　鞍峴(안현): 서울 서대문구 현저동에서 홍제동으로 넘어가는 고개.

8　陳繼盛(진계성): 毛文龍의 부하. 부총병을 지냈으며, 모문룡이 죽은 뒤 남은 군사를
　　거느리고 가도에 주둔해 있다가 1630년 부하였던 劉興治에 의해 죽임을 당했다.

9　旅順(여순): 중국 遼寧省 遼東半島의 남쪽 끝에 있는 도시.

主盛兵衛以見, 德憲不少動, 擧違約五事詰責之, 仍詗其疆域大
小, 兵馬衆寡, 條列¹²馳聞. 甲戌, 又以信使如瀋, 會有訛言我助
兵皇明來攻滿人, 乃拘辱數月, 德憲抗辯¹³不撓. 上遣宣傳官李
廷馨, 往諭之, 滿人始許還. 乙亥, 由昌城府使, 移義州府尹.

丙子二月, 復差信使, 至平壤, 遇滿使英固爾岱, 稱有汗令, 要
與還京, 待竣事同往. 德憲曰: "公之於汗令, 我之於朝令, 不敢
違一也." 不聽. 時觀察使洪命耉, 不受滿使所帶西㺚禮幣¹⁴, 英
固爾岱曰: "我汗已服大元五十餘王子, 天意人心, 有所歸, 今將
加大號. 兩國兄弟也, 豈使不知? 西㺚之來, 爲講此事, 貴國當遣
王子弟來賀." 德憲曰: "彼㺚皇朝叛虜, 不當通好於我. 貴國雖加
號, 我何必賀爲?" 英固爾岱竟以㺚行議尊號, 朝臣及太學諸生,
交章請斬滿使, 兩國之釁, 自此始.

時德憲次于義州, 回答使李廓亦至. 英固爾岱邀德憲及廓, 謂
之曰: "我諸王子有書而不受, 何也?" 德憲曰: "書中, 若議加號,
義不可受." 英固爾岱曰: "朝鮮徒尊南朝, 不識天命. 我汗招降
諸㺚, 大拓疆域, 尙不可以進號乎?" 德憲曰: "我國臣事明朝二
百餘年矣. 君臣大義, 炳如日星, 何爲慢語嘗我?" 英固爾岱曰:

---

10 宣川(선천): 평안북도에 있는 지명.
11 鐵山(철산): 평안북도 철산군의 군청 소재지.
12 條列(조열): 조목조목 열거함.
13 抗辯(항변): 어떤 일을 부당하다고 여겨 따지거나 반대하는 뜻을 주장함.
14 禮幣(예폐): 외교관계에서 교환하는 예물.

"使臣入瀋, 大議已成, 雖欲不從, 得乎?" 德憲曰: "吾雖懸首汗庭, 志不可奪." 遂與李廓同到瀋.

四月, 汗將出南郊受號, 俘譯鄭命壽, 請使臣往觀以試意, 德憲拒不從. 已而, 滿人數十騎來言: "汗今受賀, 可整服而待." 德憲曰: "吾得死所矣." 遂與李廓, 東向四拜, 壞帽裂袍, 拔佩刀, 授命壽曰: "必欲劫我, 速斷我頭." 乃解髮, 與廓騈首, 交手縮結, 鉤連而臥.

時汗已受尊號, 曰'寬溫仁聖皇帝', 國號大淸, 改元[15]崇德. 八高山·諸王子及將士數千人, 羅立左右, 兵衛甚盛. 校卒數十, 拖曳德憲及廓而去. 德憲時年六十餘, 盡力相格, 喘息欲絶.

俘人之爲彼將者, 慾之曰: "兄弟之國, 一拜何害, 而不自恤乃爾?" 德憲曰: "非有君命, 雖死何可拜?" 其人相顧曰: "多也." 多也者, 嗟歎之辭也. 汗受賀禮成, 驅德憲等入舘.

翌日, 汗出東郊, 又執而去, 英固爾岱曰: "今日不拜, 大刑戮, 小拘繫." 德憲曰: "殺則殺, 囚則囚." 仍大罵之. 彼人羣毆之, 折左脇. 降人廣寧摠兵密語我譯曰: "吾輩世仕明朝, 甘爲俘虜不死, 非人也. 今見東使不屈, 慚無以見人." 挽止毆者, 汗又令拘之舘.

明日, 大會將議殺之, 汗兄子要離曰: "彼以死爲榮, 我若殺之,

15 改元(개원): 군주국가에서 연호를 바꾸는 일.

彼有成仁之節, 我受殺使之名, 非所以聞於他國也." 汗遂不殺,
促令東還, 付國書, 不許見. 德憲曰: "不見, 不可受." 英固爾岱
迫置裝中, 使百餘騎押驅至通遠堡而去. 德憲自念汗書義不可
齎往, 又不可毀棄. 乃混置紙布之笥, 載以一馬, 托堡人曰: "馬
病裝重, 姑送瀋中, 以俟後日." 卽先送軍官馳啓.

時邊上傳言參賀而歸. 觀察驟聞之, 啓請斬於境上, 三司及舘
學生齊請按律[16]. 吏曹判書金尙憲, 力言二使未嘗屈節不當誅,
命讁德憲於白馬山城, 廓於宣川. 椵島都督沈世魁, 因俘人, 聞
其不屈狀, 上奏明朝, 有曰: '逆奴迫脅, 鮮臣守義.' 烈皇見其奏,
遣御史黃孫茂, 降勅褒諭, 而椵島已破, 不得聞. 七月, 接伴使
李必榮[17], 得奏本以啓, 臺論遂止. 未幾, 淸將馬福塔, 持通遠堡
所還國書而來, 請治使臣不參賀·不受書之罪. 於是, 我國始得
詳知, 上特命宥之. 居數月, 淸兵大擧, 來圍南漢, 德憲時在羅
州病, 未扈駕. 及上幸淸營, 汗問羅德憲安在. 我人入瀋者, 歸
言: "漢人有問德憲讁戍[18]信否, 曰: '彼不引決[19], 近於辱命, 故罪

---

16 按律(안율): 죄를 조사하여 다스림.

17 李必榮(이필영, 1573~?): 본관은 廣州, 자는 而賓, 호는 晩晦. 1597년 별시문과에
급제하여 여러 관직 등을 역임하고, 1605년 함경도어사, 1608년 장령, 1610년에 한성
부우윤이 되었다가 곧 대사간이 되고 同知春秋館事를 겸하여 《선조실록》 편찬에 참여
하였다. 1612년과 1627년에 황해도관찰사가 되었다. 정묘호란이 일어나자 적을 피하
여 달아났다. 1641년에 경기도관찰사로 등용되고, 1644년에 예조참판으로 謝恩副使
가 되어 청나라 심양에 다녀왔다. 이듬해 개성부유수가 되고, 기로소에 들어갔다.

18 讁戍(적수): 귀양살이 군인.

之.' 漢人曰: '出疆之臣, 見殺則死, 不殺則不屈而已, 何謂辱命?' 因自指其頸曰: '只爲惜此, 自毀名節耳, 不引決者, 正我輩之謂也.'" 又見潘人壁上, 揭二使抗節圈云, 上聞而益嘉之, 擢授三道總御使. 後數年病卒, 盖崇[20]於潘陽所崇也. 具綾城[21]仁垕[22], 來哭曰: "羅公死, 國無人焉."

　德憲爲人慷慨, 尚氣節深, 沈有智慮, 善料事. 當英固爾岱之初來留舘也, 忽躍馬而出, 人皆驚惑. 德憲亟往見兵判金時讓, 促令支供官, 往侯東關王廟曰: "此必陰覘南漢, 使人不測所往. 然歸必憩于廟中, 我若迎候於此, 彼不謂我無人也." 果如其言. 李廓歸自潘, 嘗流涕語人曰: "當被毆之時, 我方年壯, 而猶不可堪, 顧視羅公顔色, 凜如秋霜. 及至拌曳蘆田間, 直兩僵尸[23]耳, 彼以食物至, 恍惚如夢中, 而公忽擧兩足蹙之, 盤中器散落十餘步. 其剛確之氣, 萬死不變如此." 乾隆帝[24]所製全韻詩[25], 盛述

19　引決(인결): 자결함. 자살함.

20　崇(수): 傷의 오기인 듯.

21　綾城(능성): 전남 화순 綾州의 옛 명칭.

22　仁垕(인후): 具仁垕(1578~1658). 본관은 綾城, 자는 仲載, 호는 柳浦. 인조반정 뒤 통제사·한성부윤을 거쳐, 1627년 정묘호란으로 인조가 강화도로 피난했을 때는 舟師大將이 되었다. 전라병사·포도대장을 거쳐 충청병사·수원방어사 등을 역임했다. 1636년 병자호란 때는 군사 3,000명을 거느리고 남한산성에 들어가 국왕을 호위했으며, 그 공으로 어영대장이 되었다. 1644년에는 沈器遠의 모역 사건을 적발, 처리하였다. 인조 말년에는 수차례의 병조판서를 비롯해, 형조·공조의 판서와 수원부사·훈련대장 등을 두루 역임했다. 1653년 우의정이 되었다. 구인후는 공신인 동시에 仁祖의 외척이었다.

23　僵尸(강시): 한데 엎드러진 죽은 시체.

崇德²⁶建號時事, 有曰: "乃有朝鮮使, 不拜志獨乖." 自注曰: "太宗旣受尊號, 羣臣皆行拜叩禮, 獨朝鮮使羅德憲·李廓不拜, 左右欲殺之, 太宗曰: '使臣無禮, 有意搆怨而沮盟好, 朕終不逞一時之忿戮其使, 可勿問.'" 是詩一出, 而羅李之大節, 皦然聞天下矣. 後贈兵曹參判, 諡忠烈, 旌其閭曰忠臣之門.

外史曰: "我國之於皇明, 義則君臣, 恩則再造, 非比列國之以小事大而已. 德憲於是時, 身入虎口, 手仗漢節, 危辱百端, 嶷然不動, 脇可折而膝不可屈, 可謂毅然烈丈夫也. 時赴京使者, 得其實而報曰: '將軍笑顧湯鑊²⁷, 甘蹈白刃, 聲動華夷, 名爭日月, 天子褒其節, 太史書其美.' 斯可以有辭於天下萬世也."

『洪敬謨, 《叢史》第八冊〈羅德憲傳〉』

---

24 乾隆帝(건륭제): 중국 청나라 제6대 황제 高宗. 청나라 최대 전성기를 이룩한 황제이다.
25 全韻詩(전운시): 御製全韻詩. 청나라 高宗 乾隆帝가 지은 것으로, 106韻에 맞추어 上平聲 15수는 청나라의 發祥부터 太祖·太宗의 사적을 다루었고, 下平聲 15수는 世祖·聖祖·世宗의 사적을 다루었으며, 上聲·去聲·入聲 76수는 堯·舜부터 명나라 최후의 福王까지의 사적을 다루었다.
26 崇德(숭덕): 중국 청나라의 제2대 황제인 태종(홍타이지)이 사용한 두 번째 연호 (1636~1643).
27 湯鑊(탕확): 죄인을 죽이기 위하여 물이나 기름을 끓이는 가마솥.

찾아보기

영인자료

〈북행일기北行日記〉
《장암유집》 권2, 국립중앙도서관 소장)

〈나덕헌羅德憲〉
《석재고》 권9, 국립중앙도서관 소장)

〈나덕헌전羅德憲傳〉
《총사》 제8책, 서울대학교 규장각한국학연구원 소장)

여기서부터는 影印本을 인쇄한 부분으로 맨 뒷 페이지부터 보십시오.

行於佛之徒耶

羅德憲傳　李廓

羅德憲字憲之其先豫章人浮海而東世居羅
州仍籍焉始祖冨仕高麗為監門衛上將軍至
典農寺正公彦佐我　太祖征倭于雲峰父士
忱諱錦湖舉遺逸為縣監德憲生於萬曆元年
癸酉儀貌魁傑善騎射癸卯登武科漢陰李公
德馨長兵部知其才授宣傳官歷官內外至吉
州防禦使　仁祖甲子平安兵使李适舉兵叛

德憲佐都元帥張晩破賊于鞍峴庚午楸島副

將劉興治戕其帥陳繼盛本朝議討之以德憲

充接伴使入島詗探興治己入旅順矣朝廷仍

命留宣川鐵山之間以備島眾周年而還癸

酉充信使赴瀋滿州主盛兵衛以見德憲不少

動輝遵約五事詰責之仍覘其彊域大小兵馬

眾寡條列馳聞甲戌又以信使如瀋會有訛言

我助兵皇明夾攻滿人乃拘辱彌月德憲抗辨

不挠 上遣宣傳官李廷馨往論之滿人始許

還乙亥由昌城府使移義州府尹兩子二月復
差信使至平壤遇端使英固爾岱稱有汗令要
與還京待竣事同往德憲曰公之於汗令我之
於朝令不敢違一也不聽時觀察使洪命耉不
受端使所帶西撻禮幣英固爾岱曰我汗已服
大元五十餘王子天意人心有所歸今將加大
鞴兩國兄弟也宣使不知西撻之束為讒此事
貴國當遣王子弟來賀德憲曰彼撻　皇朝叛
虜不當通好於我貴國雖加鞴我何必賀為英

3

固爾岱竟以獚行議尊彌朝臣及太學諸生交
章請斬滿使兩國之釁自此始時德憲次于義
州回答使李廓亦至英固爾岱邀德憲及廓謂
之曰我諸王子有書而不受何也德憲曰書中
若議加彌羲不可受英固爾岱曰朝鮮徒尊南
朝不識天命我汗招降諸獚大拓疆域尚不可
以進彌于德憲曰我國臣事明朝二百餘年矣
君臣大羲炳如日星何為慢語嘗我英固爾岱
曰使臣入瀋大議已成雖欲不從得乎德憲曰

吾雖懸首汗庭志不可奪遂與李廓同到瀋四
月汗將出南郊受弸停譯鄭命壽請使臣往觀
以試意德憲拒不從已而滿人毅十騎來言汗
今受賀可整壞帽而待德憲曰吾得死所矣遂與
李廓東向四拜壞帽裂袍抆佩刀授命壽曰此
欲刦我速斷我頭乃解髮興廓聯首交手綰結
鈎連而卧時汗已受尊弸曰寬溫仁聖皇帝國
弸大清改元崇德八固山諸王子及將士毅千
八羅立左右兵衛甚盛校卒毅十把曳德憲及

廓而去德憲時年六十餘盡力相格喘息欲絶

俘人之爲彼將者愍之曰兄弟之國一拜何害

而不自愐乃甬德憲曰非有君命雖死何可拜

其人相顧曰多也多也者嗟歎之辭也汗受賀

禮成驅德憲等入舘翌日汗出東郊又執而去

英固甬岱曰今日不拜大刑戮小拘繫德憲曰

殺則殺囚則囚仍大罵之彼人舉毆之折左脇

降人廣亨捴兵密語我譯曰吾輩世仕明朝廿

爲俘虜不死非人也今見東使不屈慚無以見

6

人挽止歐者汗又令拘之館明日大會將議殺
之汗兄子要睢曰彼以死爲榮我若殺之彼有
成仁之節我受殺使之名非所以聞於他國也
汗遂不殺促令東還付國書不許德憲曰不
見不可受英固爾俗迫置裝中使百餘騎押驅
至通遠堡而去德憲自念汗書義不可齎往又
不可毁棄乃混置紙布之笥載以一馬托堡人
曰馬病裝重姑送瀋中以俟後日即先送軍官
馳啓時邊上傳言恭賀而歸觀察驟聞之啓請

斬扵境上三司及館學生齋請按律吏曹判書
金尚憲力言二使未嘗屈節不當誅命謫德憲
扵白馬山城廓扵宣川椵島都督沈世魁因俘
人聞其不屈狀上奏明朝有曰迀奴迎謁瘠臣
守義　烈皇見其䟽遣御史黃孫茂降勅褒諭
而椵島已破不得聞七月接伴使李必榮得奏
本以啓臺論遂止未幾清將馬福塔持通遠堡
所還國書而求請治使臣不恭賀不受書之罪
扵是我國始得詳知　上特命宥之居毇月清

兵大擧來圍南漢德憲時在羅州病未庵
及上幸淸譬汗問羅德憲安在我人入瀋者
歸言漢人有問德憲謫戍信否曰彼不引決近
於辱命故罪之漢人曰出疆之臣見殺則死不
殺則不屈而已何謂辱命因自指其頭曰只爲
惜此自毀名節耳不引決者正我輩之謂也又
見瀋人壁上揭二使抗節圖云 上聞而益嘉
之擢授三道統禦使後數年病卒蓋崇於瀋陽
所崇也 具綾城仁堽來哭曰羅公死國無人焉

德憲為人慷慨尚氣節深沉有智慮善料事當

英固庯份之初來留館也忽躍馬而出人皆驚

感德憲亞往見兵判金時讓促令支供官往候

束闕王廟曰此必陰覘南漢使人不測所往然

歸必憩于廟中我若迎候於此彼不謂我無人

也果如其言李歸自瀋嘗流涕語人曰當彼

歐之時我方年壯而猶不可堪顧視羅公顏色

凛如秋霜及至捋戈蘆田間直兩僵尸耳彼以

食物至恍惚如夢中而公忽舉兩足蹙之盤中

罷散落十餘步其剛確之氣萬死不變如此乾
隆帝所製全韻詩盛述崇德建彌時事有曰乃
有朝鮮使不拜志獨乖自注曰太宗既受尊號
羣臣皆行拜叩禮獨朝鮮使羅德憲李廓不拜
左右欲殺之太宗曰使臣無禮有意撝怨而沮
盟好朕終不遑一時之忿殺其使可勿問是詩
一出而羅李之大節皦然聞天下矣後贈兵曹
叅判謚忠烈旌其閭曰忠臣之門
外史曰我國之於皇明義則君臣恩則再造非

此列國之以小事大而已德憲扵是時身入禹

口手仗漢節危辱百端嶷然不動脇可折而膝

不可屈可謂毅然烈丈夫也時赴京使者得其

實而報曰將軍笑顧湯鑊甘蹈白刃聲動華夷

名爭日月天子褒其節太史書其羙斯可以有

辭扵天下萬世也

朴大德傳

朴大德字士華成川人七世祖忠貴仕于麗官

至吏部典書五世祖宗始家成川了波村子孫

12

영인자료

〈나덕헌전羅德憲傳〉

《총사》제8책, 서울대학교 규장각한국학연구원 소장

石星為兵部尚書又力主出兵之議一女子之微而
能洗東國之宗誣又能出兵以復其國可謂壯矣
羅德憲 字憲之其先豫章人也宋末有浮海而東者
受籍于羅州為羅州人萬曆癸卯以武科事 昭敬
王反機島劉興治之難德憲以接伴使峴島中護其
隱情以聞 崇禎癸酉以信使赴瀋金主列兵衛甚
盛以見之德憲立乾然也甲戌又赴瀋會有誚言謂
本朝助兵 皇明挾討金人也故金人辱德憲甚困
馬丙子又赴瀋至平壤遇金使者英俄甬代請德憲
還待其事竣偕之瀋德憲曰甬之於甬君之令猶吾

之奉吾國命耳不敢違一也遂不從時觀察使洪命
耈以金使者與西健至欲籍西健之言而共尊其主
也不許西健之貢幣金使者不聽至于王京太學生
交章請斬之街路童子投瓦石逐之金使者遂逃還
之義州見德憲曰朝鮮徒尊南朝奈何不識天命德
憲曰我國臣事　明朝且二百餘年若敢以慢語嘗
我耶金使者曰諸王子議加鞸雖欲不從得乎德憲
大叱曰吾首懸汗庭吾志不可屈乃與囘答使李廓
俱到藩館四月十有一日虜數十騎来言汗欲受賀
德憲曰吾得死所與李廓東向四拜裂冠帶因拔劍

授人曰必欲刦我速斫我頭二人相與解髮騈首舘
醫交手揩堅握鉤連而卧金主又縱騎促之執二人
驅之南郊時金主受僞斁日寬溫仁聖帝國斁大清
年斁崇德八固山諸王子緋襖紅纓排列左侶二
人就班氈帷劍戟相戞獰胡如堵二人山立扵其間
張目視之金主令其下斮二人手脚而倒之髮鬢盡
落德憲時年六十四尚力拒如搏戰狀金主誘之曰
泰賀生不泰賀不生德憲厲聲曰寧不泰賀不生不
忍泰賀而生扵是鞭箠交下血漬于衣地為之赤漢
人挍降者莫不𢥠然欲死其明日金主祠東郊又執

二人質之拜德憲曰殺則殺耳罵遂不絕虜又毆之
折右脇因讀饌德憲氣絕復甦踢其罵又明日金主
大會將議殺二人金主之兄之子要難諫曰彼以死
爲榮若果殺之我有殺使之名彼有成仁之節亦恐
貽笑於他國金主遂不殺織書以授德憲德憲欲開
織以視之金主使百騎驅德憲至通遠堡德憲自念
金主書押以新印不可以齎往又不可以毀棄乃潛
置紙布筒中貝以一馬謂堡人曰馬疲矣姑送瀋陽
以俟之於是遇上傳言廓德憲從賀虜庭觀察使請
斬之吏書判書金尚憲言二人抗義甚明白罪不當

斬

王命謫德憲于白馬城廓于宣川府都督沈世

魁因俘人聞二人不屈狀告于 皇朝日逌逅虜迫賀

朝鮮臣守義居數月金人東侵 王如金主營金主

聞羅德憲安在嚮者若不屈今不得相見耶潘人作

廓德憲抗節圖而美之 烈皇帝因沈世魁義遣監

軍御史黃孫茂降勅褒諭而世魁死莫得以聞德憲

後爲統禦使庚辰卒德憲爲人簡亢莅莊重言議激厲

料事勸輒如神嘗金使之來也忽躍馬而逸人皆驚

感德憲就見兵曹判書金時讓令支供侍往倭東門

外曰此虜必陰覘南漢欲人不得測然歸必少愒城

外我若先迎候俟不肢謂我無人己而果若其言金
使慚然色沮其謀畫往往出奇如此令上戊戌特
贈兵曹判書謚曰忠烈若使羅德憲不遇其時即亦
行間之一武夫而止焉耳困頓顛躓之死而不悔者
雖於洪皓朱弁未易多讓乎偉我

西山大師者完山人也俗姓崔氏父曰昌世為箕子廟
叅奉師誕三歲而有老人謂其父曰吾訪此沙門耳
遂以兩手擧兒呪數聲撫其頂曰以雲鶴字此兒因
忽不見以故名曰雲鶴嘗與羣兒遊輙立石為佛聚
沙為塔及長風骨英秀力學靡懈事其親至孝十歲

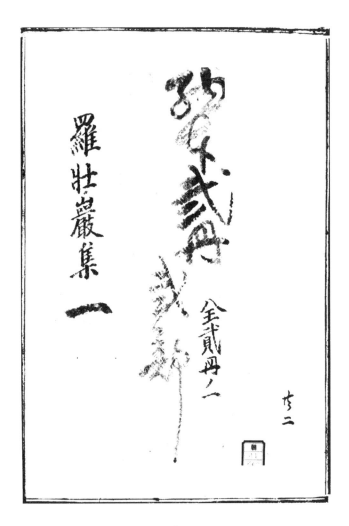

壯巖集卷之二

北行日記

丙子二月初九日發行十六日到平壤則一行馬夫未

整齊而且聞胡使出來之報因遂留連于府中○十七日

留平壤臨夕龍馬溺三胡不入順安直到平壤卽欲起時

往見而日暮未果○十八日到平壤朝食後往見龍胡則

龍胡敘寒暄後卽曰汗分付內使吾等偕本國使臣同爲

入來使臣幸與吾等還入京城待吾竣事然後一時同行

宜當余答曰奉　俞之臣旣辭　關門則中途改路分而

不當固不可任意聽從矣且今番禮單之數比前有加而

一行馬夫時未整齊若待行其之畢治人馬之調發則其
開日子自爾繕延龍將等可以追及之矣龍胡勃怒曰汗
令最是嚴峻吾等決不可違令而使之先往也若使臣不
從吾言强欲前進則吾等亦當從此回還不必向去京城
耳余答曰龍將之不敢違汗令亦與吾之不敢違朝令少
無異同而龍將只欲依汗令至使我遺棄王命自爲計則
雖善而其扮爲人也獨不錯耶龍朝曰使臣之言亦必有
理而但吾等來時已爲分付滿遠堡守將處使之拒使臣
之行使臣雖或先往亦必見阻於通遠堡矣使臣若以還
朝爲難則姑留于此處以待吾等之還亦可矣其堅執之狀

恐嘵之端不一而足又以關西俉之禁塞西嬂不受禮單

之故極發憤怒暴悸最甚余卽罷還仍以胡差堅執之意

稟啓 朝廷以定去酉〇十九日䂓平壤早朝龍胡送鄭

命壽金瓦屎夏請相見余又徃餽兒之則龍胡多發憤怒

而言曰吾等旣爲存信昂賀而來則吾所帶之人所當

任自率行而監司禁塞西嬂勿令西我前侉行此是輕侮

吾等而然也余荅曰差使之行只爲通信則帶來之數不

亦濫雜而令此差行比前有加他國之人亦多率來其在

邊邑之道豈不可稟知 朝廷請其許入與否乎龍馬爾

將則依例先往而溺𤏞則領西嬂娃酉于此待〇朝家分

5

付後進往似亦未曉也龍胡曰西㺚別有所管必須同行

而後可以讓爲也不可倘西㺚落得于此而吾等先自前

迤出余問其所管事則初不肯言旋于㺚說曰既問其由

當仔細言之我國已得大元五十餘王子而土地最廣兵

民文衆天意有屬民心已歸矣我朝鮮將及諸王子欲立

汗號以顯功名　貴國乃兄弟之國忠不當以兄而隱彦

故辭此西㺚而來以爲論議講定之計　貴國王子王弟

中亦當有入往相磹之事余即答曰龍將何㠯如此之

說耶西㺚則既叛　天朝㠯附金等一依汗令在所不已

我國則只結和好稱以兄弟當以□□守而已豈有見

稱號之事而入送王子弟相慶耶金國欲以我國比視扴

投降西㺚之輩不亦痛乎恭龍胡又曰西㺚之人見南朝

之勢已傾而天命有歸金國故如是爲之可謂知天知勢

者也余曰凡人臣之事君也見勢之輕重易吾之所操則

不可自立於天地之間我國只以禮義自持而不如趨循

乎勢利西㺚之所謂犬與勢非我國之所欲聞也龍胡复

無所答又曰　貴國㷉遭　大喪㫖單自非宴樂之具則

似無不笑之理而臨司托以有㺃却我所債待人之道何

可如是吾等逮夜懷斷着頭無地余答曰是乃龍將之先

失也何必責人耶凡喪禮之儀有名而後可而今者禮物

7

判尙遞身卷之二

既無其名又納于懷中有若私饋之物監司豈得晏然而

受之乎龍胡遠怒曰監司所爲吾不欲提言須勿復道多

有咆勃之色余卽罷去○二十日晳于平壤曉頭鄭命壽以

龍胡之言來講權仁祥欲與偕送京城余托以有故不爲

許送命壽固請曰若不許送則龍將必於慍怒不無生梗

之端不如從其請矣余不得已許之仍命壽卽爲選去余仍

招權譯而言曰此虜等形迹有異於前日汝且偕行詳細

伺察爲可仁祥依諾而去是日龍胡等竟率西羆簇行而

去監司不得禁之○二十一日留平壤以夫馬調發事嚴

督于諸邑守令處而但商賈輩見胡使等形迹異於前日

8

中路觀望不肯應募夫馬責立勢窘遲滯最爲悶憂○二
十二日至二十八日連留平壤一行夫馬始得整頓而一
一點考則共中商賈等雇立馬猶未充數此則發行後以
爲塵路站站率往計料○二十九日曉朝發行至順安止
宿○三十日早朝發行至肅川留宿○三月初一日曉頭
發行午後至安州留宿○初二日晚發至嘉山留宿○初
三日早朝發程至控江亭而渡津之際禮單所載二駄偏
半沾濕至春到定州止宿○初四日留定州所濕禮單初
不曝曬到州之後始爲開視則濕處大端仍使軍官等披
出乾晾○初五日仍留定州○初六日朝食後將欲發行

之際監營軍官成鐵擬馬追來傳言龍胡入京乞後捽發
監怒已㳟去月二十九日意外還去衙到申㫌時奪取禁
軍所奪文書莊置行中不銘出給盖其文書中有許多斥
种辭緣若不得還推則前頭必有生梗難處之患故不許
星夜犯驒馳來未知以何計圖出耶聞來殊甚驚駭而亦
無變通之路途遂與本州牧金㶄洞相議欲於胡使到州之
日仍使挽留潛圖撥出而入于與否亦未知極爲可慮○
初七日㫖定州午後龍胡等自嘉山來到本州余卽往館
見之以慰遠路行役之勞仍問慇速還來之由則答曰已
傳春信又致㬥慰使事畢矣有何曲連之舉乎余曰我國

書馬將夏爲覓來而初則泛視不必深藏沿路各官皆欲
瓦屎以禁軍賚來文書還推事縷縷開說則渠等云厥文
一提說余亦若爲不知而夏不誅問臨夕招見鄭命壽金
吾等不無感意于其他西鑑所管之事我國接待之狀無
之前日之事其已忘之耶龍胡笑曰使臣所言似有情款
使也每留十數日而及其治行則龍將等猶以促行詰責
奉命之臣何必久留他國而不歸乎余答曰吾之前後奉
其言乃曰使臣曾亦奉使吾國而若已竣事則即爲催行
之節必不如意或有愧感於此而如是亟返耶龍胡不答
方遯 大寒而 璽候又不李喪國臣僚奔惶罔措接待

圖出故馬將多致疑訝深當裝中無可圖出之計云而頓

無推給之意又使申繼贐夏爲周旋以厚賂之意多般開

謙則鄭命壽曰到龍灣後以管餉物貨打發事亦爲罟連

吾當極力圖之而事勢如此亦未可必矣至暮張禮忠賚

持 國書來到本州余乃詳聞龍胡等速還之由則答曰

渠等以 朝廷不爲善待之故大發憤怒不受 國書卽

爲催還而發行之日掠取閭里牛馬京城之人莫不闐動

云○初八日早朝又往舘見兩胡曰聞兩將不傳汗書還

爲持來而我 國答書至今不受云兩國援受之禮不當

如是也我 國書今方來到而國汗書亦當在兩將行中

今日之會未可相爲交授耶龍胡答曰貴國回答使今

明間必爲追到兩國使會同一處後一交授似極便宜

矣余亦不以爲強以觀其所爲定日龍胡等先爲發行而

余則追後繼進向宣川止宿○初九日曉頭發行至暮到

義州舊城矣余亦欲往舊城所一行許多夫馬與虜渾處

事沒不便仍住山城以爲習連之計而便申繼驛金命吉

龍川止宿○初十日早朝發行至白馬城則龍胡等巳到

等送于鄭命壽處仍爲留宿便之圖出禁軍文書臨暮回

答使李廓來到○十一日晉白馬城申譯等還言吾等住

見鄭命壽金瓦屎等語及文書推給事則或云燒火或云

見失兩人所言各自不同其爲情狀捽諉難測似難還推
矣〇十二日朝食後州吏來言龍胡等計捧貨時極欵
憤怒欲突出城外遠向管餉所而幸賴府尹之多般爭
請僅得止齒而其間勢擾之狀不可盡言余卽聞奇與李
廓同往舊城使金命吉傳言於龍胡要與接商則龍胡等
辭以不見曰管餉物貨時方計而整頓行李事多惱擾殺
俟聞隙従容相接云仍不得見之〇十三日畱義州朝食
後夏送金譯請與相面則龍胡又辭不見曰西撻之行今
方治送送後吾當通示請來矣俄而溺胡果領西撻依行
而終亦無請致吾等之舉矣〇十四日畱義州龍胡等始

請相見余與李廓即往籠見之各叙寒暄後余即簽言曰

▲曰兩國使臣會坐一處役此國書相爲傳授初何龍胡

日國書則可以相得而但有一款開陳之事使臣其欲聽

閔吾余答曰有所欲等則必盡無諱何亦待吾之欲聞而

後說耶龍胡曰諸王子二対書　貴國本徒不受初不埋

見是豈非交學之道耶余答曰二書中措語雖未相其

何事而君見稱號一款則我國臣民所不忍聞登有受其

書而見其術寺龍朗曰朝鮮徒知尊重　南朝而不諒天

命之所歸天子學有元覚天子我國招降諸蕤挾拓土地

天命志有屬已可知矣豈不足以尊其位而定其號耶余

答曰我國臣事　天朝二百年于兹君臣之分父子之倫
炳如日月是乃窮天地所不可泯之大義而金國以此登
我豈不痛哉我金國既自北土自稱北朝而又與我國結
為兄弟則此外復有何望而敢以如此傲慢之說試之於
我乎我國雖甚狷葵其肯甘受聽從耶況諸王子雖貴亦
是人臣也君臣有分尊卑有序則不敢遽然奉書扵我國
而無端抗禮少無敬謹之道金國之聽然無知據此九可
見矣龍胡回視馬胡潛語然後又曰兩國既托為兄弟凡
有所幹不可不相議故吾等只傳其辭說而已登可使朝
鮮帝我臣我乎此一款不書扵汗書中吾等上京時亦不

縷說而使臣所諭如是峻激殊無兩國相好之情矣因又
曰使臣到瀋之後諸王子必有所言其可聽從否余答曰
言可以從則從之言不可從則不從而已龍胡曰王子既
有所請則使臣雖欲勿從亦不得任其意也余答曰若其
所言必不可從則雖與外金國首懸汗庭豈能奪吾志耶
龍胡笑曰此非與說須勿慮聽其為情態兒諕無比矢語
畢龍胡先傳汗書於余余乃開見所封則諸王子二書亦
在其中余即還擲于二胡之前龍胡笑而收之曰此書中
有何惡臭云余又以張禮忠叅乘　國書即為傳給則龍
胡受置後招諸擁護印姓者使之解說而潛聽矣仍為罷

梣巖遺集卷之二

還○十五日晉義州龍胡等將欲發行而又請更接卽往

見之則龍胡曰所幹之事皆已竣畢今日則決欲發行未

知使臣以何日入來耶余答曰吾之行期似當差退數日

後耳兩胡曰路次之間平安入來爲企卽起來而又以

文書還推事密招鄭命壽等百般開諭則渠等托以已燮

始室卻勢無可奈矣○十六日晉義州朝食後點閱一

行夫馬則使臣驛大馬二疋員役等驛馬十五疋私持馬

十六匹商賈雇立馬一百十八疋自持卜三十六駄監司

給價備立刷馬五十六疋都合四百四十三疋一依監司

給牌成帖及義州府尹搜檢文報憑準具由馳啟○十

七日到義州府尹李俊定送偵探將白光祖等于鳳凰城
近處伺察漢人等形迹〇十八日到義州午時白光祖等
回言自昨日周行于鳳凰城山麓而寂無漢人等形迹使
臣行次萬無可慮云仍以明日定爲發行之計〇十九日
與回答使李廓同爲發行至于江邊則見有四大舡隻而
一行人馬數甚繁多累次行舡臨暮艱渡止宿于中江〇
二十日渡中江渡三江灘露宿十九連城小川邊〇二十
一日早朝發程朝飯于金石山下川上仍向鳳凰城而慮
或有漢人偵探者定送義州護行將韓景止十餘名潛伏
于左右山谷間搜探漢人而終不得見而歸遂過鳳凰城

露宿于乾川邊○二十二日早食後發程行數里許望有
一擄漢見吾一行惶懼走避余使僕夫中善走者追及提
來問其走避之狀則自言以大同府村人被擄於胡賊西
征之日醫居于瀋陽胡將家又爲博賣於通遠堡胡人胡
人以我不能堪事累加鞭朴刻苦日甚故不能支存昨夜
始爲脫逃欲向朝鮮地云又問虜情則答曰汗冬間將欲
把擄宣大云而觀其爲人庸劣最甚不足準信即爲放送
遂到甕北河止宿于川邊沙汀○二十三日朝飯後發程
向通遠堡而還送義州護行軍具由馳　啓進向城門外
則守胡等如前拒塞不得入城止泊于城外川邊彼面

守堡將二名來可慰余行役之勞即爲起去又有灘陽護

行胡將四名幸從胡六十餘名來到而護衛之狀一如往

年之行是夜止宿于第三烟臺胡幕○二十四日早朝發

程涉二大川過連曰堡踰會營嶺而護行胡人等防禁太

嚴一路行役之際使一行諸人不得任意自行至夕到四

烟臺止宿○二十五日早朝發程至青不嶺則黑雲四塞

狂風大作仍渡三遼河過九烟臺風甃甃止大雨繼下一

行馱載殆盡添濕臨暮艱艱渡（一本作三）九烟臺則守胡雲太重

者遼陽人而被擄見拘多有悲感之意余使譯官朴仁厚

潛伺胡人等就睡之際密問唐人事情則答云汗方勑八

21

珍珠嶺邊叢卷之二　十一

高山整頓兵馬非久必有動軍之舉而或稱向西或稱向
北其所向之處燧未頭知云方欲夏門之際胡人一名罷
睡而起即止不言○二十六日平明啓行越三氼川過四
灯臺夕到平安村又有胡將拜從胡數十餘名自遼東整
頓矢馬一齊來護而防禁益加嚴戢矣○二十七日食後
簇程過梨木烟臺波太子江李爛渡堡過義州被攎人
金浚虎潛伺間際密間虜情則答云十二日僭號告
急而使西㺚及諸王子將行賀禮必要使臣亦使參覷云
夏欲詳問而煩擾未果○二十八日驟雨犬下不得早發
至午行過寶伊堡到沙河堡止宿○二十九日朝食後發

程過自塔橋混于江至瀋陽城外宴廳則滿月介起青古
金玉和等八將皆已等候而接待曲折一如往年仍與胡
將等拜辭由南門八至城內舘門外胡將等馬上辭別而
去仍使從胡等迫余等一行于諕甲鎖門堅守○四月初
一日仍留龍骨大馬夫大罷特等來至舘所候問余等行
役之勞仍欲依前例要見　國書余即爲謄稱則覽後持
去○初二日仍留早朝滿月介起青古等來言汗方欲接
見使臣使臣等速當入見余等先使胡譯申繼臘金命古
領送禮單進呈汗前仍率所帶員役等至汗生堂大門之
外下馬止立滿月介引來等就席上余親奉　國書立于

席上則汗前掌書胡一人來受　國書呈于汗前其餘接
待曲折容依已往而其禮極簡頗有輕忽之態矣有頃滿
月介輩致余等于禮部衙門爲設宴歃行酒數巡而罷蓋
曾前接宴則汗必招滿胡使之厚接使臣而今番則亦無
修問之例矣〇初三日仍畱〇初四日仍畱汗使滿月介
傳言扵余等曰隣國有於遣差俌余此乃交好間規例故
吾扵項者果爲致慰而今答使兼以禮單而來饋吾實
不安于心矣初不揆度遽然笈置今夏思之極是謬基使
臣歸還爲受去可矣余答曰自前以來使臣有行則禮單
必隨之此實通行之規流來之例也有何不安於心而遠

爾返責還却爲言耶吾等奏　命出境所重在是若不傳

致則與委　俞草莽同還歸　本朝將何以爲辭爭滿胡

夏無所言即爲起去○初五日仍曶龍馬等連日往來于

西館換賣物貨而終不來見余等○初六日仍曶早朝龍

骨大馬夫大彭古等來到館所恐喝而言曰貴國多有偸

盟背約之端使臣其亦自知否吾今一一言之幸須詳納

聽爲丁卯盟納時使島兵不爲監臨而旣今漢人無常出

陸貴國不惟不禁又給粮餉此非偸盟之端耶請和之時

納與通易好貨而其後貴國禁絕好貨勿令鈌賣或有鈌

賣之人則亦爲推捉而殺之此非背約之擧耶曾者貴王

東槎集 卷二

避兵江華時吾國諸王子來度往復竟成和好而今番王
子書不爲垢兒此非絕和之意耶爲使之道倒置維中更
不他往而頭我出使之日令赴寧臣府中也非輕侮之致
耶吾使昻祭時所佩環刀使之辭去而左右前後排列搶
戟此非劫脅之舉耶西鞑之人既與我往則接待之道不
必差下而使坐繁廊下給交椅此非薄惡之事耶吾使簽
歸之日街巷之人處處紛起爭擲瓦礫此非致亂之端耶
言訖龍胡又曰吾國則雖欲永守盟好而貴國所爲劢是
乖戾吾將何以處之使臣等其亦思之予答曰龍將斯言
顧多刧脅之意而故欲生釁勁爲之不取也吾且逐條下

之龍將等亦必聽篆焉盟約之後蛇浦漢人盡為撤回而

宣鐵之間雖或有漢撥之往來天朝扲我有父子之義求

為禁斷義甚不可此間事情金國亦亦搦知矣通易好貨

之事是實兩國之傻則吾國登厭避不從而盖自漢人

黑雲龍瞞誘之後　天朝嚴禁好貨勿使出來故商斷

絶難致奸貨此亦金國之素所知而佯若不知反以禁殺

商賈之詭依為刦脅之資此登隣好之義耶王子書不為

開見事曾在龍灣已悉其詳而措語之間又提起寧歇

無言也寧府之請致兩特者是固待之以親密也接之以

款厚也有何他意於其間而兩將以此為詞反懷不平議

不滿一哂也弔祭之時薜刀列戟者爲其禮貌之可謹威

儀之可肅而必欲盡怕敬之道也豈有一毫刼脅之意而

然荒西猺之人素與我　國蕃間不及兩使之率入京城

已甚不可而又窒其許給交椅可謂謬慮也我　國雖與

金國相好豈又推及於金國之停卒耶尾礫爭擲之事此

不過閭巷小兒矇然釋蠢莫知使臣之尊重而妄謂戲謔

之舉竟敢有致亂之端而然耶龍胡等曰使臣所答多餙

詐偽吾不足信矣仍又曰朱姓本非王裔其初則乃皇覺

寺僧也天下非一人之天下朱姓豈得長有而不失乎惟

我　國汗待人以誠到處戰勝而若有歸附之人則蕑恤

秫巖遺藁卷之二　　十二

28

盖深給賜必厚此非望人之事耶聞南朝則待人甚薄諸

藩皆叛而且其大臣欺蔽謬國其亡也可立而待也朝鮮

之久仰南朝者豈是計之得耶余答曰我國之於 天朝臣

事已久分義已明舉國君臣雖粉骨糜身萬無他意豈忍

見其將匹而忽之耶我國雖處偏荒猶知禮養悖禮傷義

之事決不爲之矣龍胡曰貴國以禮義自持因以文筆自高

若與師動衆則以禮義爲戰乎以文筆爲戰乎因即暴靷勢

而歸〇初七日仍哲早朝後龍馬兩胡又來舘所暴靷而

言曰 貴國得聞我國之將欲西把而整頓兵馬請軍南

朝乘我內虛助令力來攻云何其偸盟之多耶 貴國果

欲與我相戰則吾且不為西向必當先犯 貴國 貴國

其能敵我兵勢耶吾欲以一枝向會寧一枝向江界一枝

直擣龍灣面仍馳八營兵馬分擔八道則 貴國所恃者

雖是山城及江都而一隅之城一片之島其能永恃而為

固乎余答曰金兵西犯之計吾實不知來虛合玫之說豈

不近似此必是金國先自背盟而將欲啓釁興師耳兩國

講和已至十年使价絡繹情意交厚若一朝相絕攻擊如

闕則其貽譏於遠近也亦不少矣非兩國之羞也如此

說話須勿復道龍胡又曰頃我出使之日 貴國必欲害

我而我幸僅免得至今日時復思之不覺心神驚悸吾等

止死有何關於　貴國而　貴國之亦欲害之者何哉余

曰此固昨日之縷縷備說者也余何憂此提起話頭耶龍

馬爾將眾差我國我國誠信曾已熟知而少有不合便出

猛怒多般餙誅驅脅尤甚此何意此何意胡夏無所言

而去○初八日仍畱朝食後龍馬兩胡持汗書草率擲

書使臣等姑帶員役艱爲畱在而其餘商賈及許多夫

漢翰林稱云者又到舘所而言曰近緣多事汗書末及正

則斯速出送可也仍使翰林稱云者字字釋音高聲傳說

而使一行諸人盡爲聽聞盡其書中辭語則皆足頭目所

諸偸盟等說而又添非民捧餼之罪助攻孔耿之事誅殺

31

姜弘立之說矣〇初九日遂以汗書辭意及雷連曲折具

由馳啓而令軍官前萬戸李重元兼司僕李裕吉帶領以

送〇初十日仍留午後禮郞稱云二胡率鄭命壽到館所

言曰明日汗將出郊外使臣等當往觀光盖汗方稱帝受

賀而延不顯言只以觀光爲辭余亦爲若不知而答之曰

汗以何事出郊而必欲請致他國使臣耶二胡曰汗之出

郊吾等不詳使臣不必申問爲何觀之可也余曰吾之奉

老金國非止一再而例承一接之後變無相見之禮未知

今番有何觀光事而爲此無前之擧耶二胡勃然曰金國

朝辭約爲兄弟兄之郊慶弟當必觀有何所妨而如是詰

拒耶且汗令至嚴若違命則吾等亦當被罪使臣雖欲拒
之亦不得任其意也余曰人臣之職奉使出疆非君命則
雖細微軍不敢擅自爲之吾何畏國汗之命而反辱吾君
之命耶二胡忽然起去俄而卽還曰吾等裏達汗前旣已
寇奪使臣等経若拒命則命且盡於此地不得還其國矣
余曰爲人臣子死扵王事則死有榮於生炎此吾素願
而不得者也二胡見其以宛拒之相顧唏唏而去○十一
日仍哲早朝胡將十名率従胡三千餘名列立于舘門之
外而禮部二胡又來恐喝而言曰汗將出郊令使臣等速
當整服頭爲待候余曰不可往觀之義昨已盡言寧死此

莫通而猶自力拒有若搏戰者雖其顚仆之際亦不曲腰

左之右之移時不止衣冠盡破頭髮亂落塵埃塞口呼吸

揮手盡力牢却於是執手者橫曳執足者倒曳上之下之

卽來使從胡等分執余等頭腰手足恟其班次余乃躬身

哮指點而言曰朝鮮使臣俛爲趑致使立班列二胡聞命

袍將校數千餘各分立左右各完班次又招禮部二胡咆

許卽所謂南郊也仍使從胡等留置余等于陣前而命編

從胡四十餘突入館內扶執余等驅至南門于外七八里

起汗歷過館門前知其相詰不出遂篠怒別勒將胡七名

不可易志因脫綻帽團領盡爲裂破擲之地上而堅臥不

十六 一

34

以示不屈之義時有被擄漢人數十餘各坐近相視莫不

嘖嘖扠淚而其中一人有書數字扠沙上以示軍官申汝

豪朴士明等而恐爲胡人之所見卽爲之揮沙滅迹其所

書字則義同夷齊節如蘇武此人之義此人之義云未及

看審之際汗必欲見余等之楯蒏而後已也而變勑衆胡

等推挽頭腰四支强仆之地上而使禮部二胡得言扵余

等曰使臣覽篇森賀則卽使放過本國不然則今日決不

得生矣余乃高聲而答曰今日之死實所甘心豈以生還

爲幸而遂然拜屈扵爾虜之庭也只願速死分裂此身也

朦目視左右衆胡等蠢鐵橫怒扶曳跆踏又以鞭朴加之

體無完膚流血遍身而氣息奄奄若將盡矣所押胡將中
有一漢人惻然傷之招譯官李馨白傳言曰兄弟之國使
臣一拜幾何其酌我而不受其身至此荒余答曰我國
之法不有君命則貧外之禮死不敢爲其漢人吐舌而顧
語左右曰使乎傳乎多也世所謂多也者稱美之辭仍
余等雖名而卽人帳中良久還出分付從胡等曰今姑
置之而勿復侵促盡驅漢人謂於上官而止之矣仍使
余胡等驅余等出一行員役等拘置于帳幕外田洫間而
圍守之所處地勢最甚污下片石撑體全身有癏下淚難
禁張中員人津津昏泣矣雖不詳見操等所爲之禮時有

贊謌動樂之聲則衆胡等羅列叩頭而各國使臣拜賀矣

日晡後汗罷還而籍黃龍袍跨白驄馬立青黃盖各二雙

竪黃赤幟各五雙而八高山諸王子諸將校以下舉皆隨

後擁衛旌葆戟簺日兵威甚盛矣汗纔出陣外颺風大作

竪盖幟等物半爲破裂汗及侍卒等莫不驚動矣有頭胡

將數人率從胡四十餘各催拋余等負出陣外前後擁挾

驅入館中鎖門而去余等歸臥館中則骨節痛楚氣力澌

盡委席呻吟之際龍骨大馬夫大滿月介沙非河起靑古

等來到錧外請與相見余傳言曰今日重被曳打不能轉

身似難相接矣滿朔等排門而入直到余等頹臥處諸言

北行道集卷之二　　　十八　　一

月今日國汗盛陳賀禮大元諸王子遼陽諸大官猷子諸

國王等莫不拜手稱賀而惟獨朝鮮使臣終始牢拒峻斥

不參此果交好之義耶況我兩國既托兄弟則兄之盛禮

第不可不參而如是遲遲者亦不過鄙軍我國而絕和之

義自可見矣余即扶病而起作氣而言曰彼大元遼瀋等

皆是金國之俘擄則一遵汗令乃分內事也豈足以此而

誇我也我即　大明陪臣也非彼俘擄之比而金國反欲

比而同視有此非禮脅屏之舉此則金國之鄙我其亦甚

矣滿胡等曰意已變矣情已盡矣吾何必以禮待之明日

汗又出東郊而當招致使臣使臣若又非令則受罪益甚

矣仍卽起去○十二日仍雷早朝胡將五名率從胡數十
餘名羅立于舘門之外而或杖鐵鞭或揮兵双俟羣突入
刼迫甚怎余乃强力起身向東而立曰速斷我頭固于汗
前此頭可斷此志不可奪也羣胡等卽趍而出俄而龍胡
等入見余且誘且脅曰今日則汗必使使臣叅觀大禮使
臣夏勿牢辭順意聽從可也若如昨日之堅執固拒則大
必刑戮於郊外小亦見枸於瀋中就如朝叅盛禮夕歸本
朝乎余答曰此等說話何必每每提挈耶吾等只以一死
自分不以生還爲意殺則見殺習則見雷而已豈復懼胡
而變我所操乎龍胡默然而去食後汗大陳兵威出往郊

外而使從胡四十餘名驅逐余等一如昨日羣胡等分排
余等頭腰四支搖曳擾出驅至于東門外五里許即所謂
東郊也有頭將校千餘名列立左右班行毖訖禮部二胡
又自行中而出咆哮此屏而言曰汗分付云今日亦提朝
鮮使臣而來矣羣胡等聞言一時突進扶搊余等追令趨
班余作氣出力推排揮却而憤氣自激不覺罵語之峻絕
於是胡卒百餘名一時俱出蹴而踏之敺而打之曳去沙
場蘆葦之田曳來郊上泥洿之路不分人鬼矣汗又令僉
賀余罵不絕口益怒曰以萬乘之威豈不服一介之身耶
毒楚刻酷視眎恔加右脅骨節至於摧傷而殆不省人事

傍有漢人十餘各見余頜顀之狀無不含淚嗟咄而其中

美貌一人窃語驛官朴仁厚曰吾卽廣寧摠兵也本以

明朝食祿之臣惜命偸生貪此大罪扵天地之間今見爾

使之不屈悔愧之極寧欲溘然而不自知也言訖入帳旋

卽回還而禁抑羣胡等使之勿爲侵暴俄而率胡四名自

帳中共持一卓盛饌而來饋之余抆懷藏中卽蹴其盤而

碎之羣胡等相顧驚駭而啜啜不已至午時洴告祭其祖

若父于郊壇祭畢分肉而食試射而罷臨夕汗黃袍白馬

盛陳威儀而歸仍使譯卒等扶掖余等馳八于舘中鎖門

而其守之至夜龍滿兩胡又率鄭命壽到舘而譜言曰今

番我使之出去也貴國不受蕃王子書而又有殺害我使
之意使臣今日豈獨無此患耶丁卯指天之盟貴國先欲
背之吾國亦以貴國待吾之道欲償於使臣也又曰汗明
日又設大宴而歃血同盟使臣等亦不可不參其為辭氣
極其揚勃而余等呻痛之中難於酬酢不答其言○十三
日拘留朝後　天朝人數者供備酒餼來慰曰昨日壽變
之身幸得不殞耶列國參賀以順天時而獨惟不參賀班
於今始知東方忠義之國今不屈貞節雖仲連蘇卿之義
無加於此在班列國之人共為景歎圖寫不屈諸儀布示
其國樣慇懃有言而涕余氣塞神昏未能答應慇慇須後

42

而去近午汗又與八高山諸王子諸將校及降漢降獒等
謌宴抄堂內而陳禮受賀軍馬駢闐之響贊諸稱賀之聲
終日不止而竟不招致余等譯官金命吉與守門胡將曾
己識兩胡恃盖慶源藩胡也命吉問胡將曰聞今日會盟
後汗又請我使等云而終不果其或回悟而然耶抑別有
他意否胡將答曰朕日余畢後汗期欲殺爾使而議于諸
將則汗佯子要魋進言曰近觀鮮使連日被脅終始不屈
而每自求死不已是其志亦以一死為幸今若殺之則使
我受殺使之惡名使彼成殺身之義節今方當順天之日
恐貽外國之笑汗艴然回悟遂不夏招云命吉又問曰然

則其將放還本國耶抑將拘留而永不許送耶答曰放送

與吾吾亦不詳但旣爲不殺則似亦無求拘留之舉矣

○十四日拘留胡等寂無形影前只令卒胡董守防水

火亦不得任意自通矣○十五日至二十三日拘留卒胡

輩鎖斷簾門日日巡視而使一行諸人不得出入蓋緣天

朝入數語之致矣○二十四日拘留曉朝滿月介金玉和

起靑古等來言今日方爲撰成淸書明早當出送使臣等

領知治任可也因卽起去臨夕龍馬兩胡又來言今六月

二十五日吾等當運致商賈等物貨價蔘於龍灣龍灣之

人若不許濟則吾且以運去之蔘積置中江而歸矣尋常

話端每多恐嚇底氣色殊極寡敗○二十五日午時龍馬

兩胡率從胡數十餘名突入館中挈載卜物驅出門外余

卽言于龍胡曰汗書則不爲來授而先欲驅送一行此何

擧措耶龍胡曰汗書今將來矣不須爲念俄而滿月介金

王和等果持汗書來到而內外堅封使不得開見余曰開

見汗書自有前例今不開見決不可受也龍胡勃然而言

曰汗書揩語已及商賈等出去時釋義盡言有何他辭扸

其間且自汗所堅裹糊封而出吾等亦不敢任意開坼矣

仍又曰貴國得見此書後卽送使价以爲回答則修好之

義可知也不然則偸盟之端從此而決吾國亦當有處

置之道矣幸使臣須將此意歸報本 朝仍使從胡翅付
汗書驅迫出舘而又令將胡四名率胡百餘各擁挾一行
策馬驅人疾若星火倉卒俄頃之間奄至於河鋪六十里
之地矣余等重傷之餘又加以馳突神氣憊盡殆不自保
移時鎭定取看汗書則皮封於外面以新印踏之而又書其
新改年號余將看其書鄭之于地護行胡將等發怒曰使臣
雖云尊重國汗之書豈敢授棄耶仍自急收而持之○廿
六日早朝護行胡人等又將汗書付之于卜物上而左右
翼挾憑驅疾行一日之間幾廻四五站矣至暮投宿于募
三烟臺胡舘○二十七日胡人等如昨疾驅涉五大川越

46

二大嶺暮到通遠堡柵門之外仍爲設幕止宿○二十八

日朝食後護行胡人等皆辭別而歸汗書則勒付于余等

行中余始將汗書潛置于數百卷白紙之中而又以靑布

及靑鼠皮等物八箇同封且將白米二石乾魚二封塞馬

一匹畱給于通遠堡守將處使之遠送灘中而仍以卜重

馬病難以運來爲托而歸夕渡八道河至佰顏洞川邊仍

爲畱宿○二十九日曉頭先使軍官前萬户申汝豪譯官

金命吉等賚持先來狀　啓出送

柳水使持歆丙子正月瀋館中之狀行到湍興以身病留瀋三月初四日乃得發行適到箕城丙子二

十月二十五日在瀋陽聞胡差到京有解某㐀從之事必有大亂而

應三月二日胡遣下宿龍泉館舁轎犯之狀不忍言至

於實入軍器庫舁取檜柳行宿鳳山初五日夕

到黃州四月也巡使有一日諸潘之慮可以慮待其回答使之行來

稟定羅宣傳致伏信子便覺之行以今日送彥良於龍府入州富府也二十四三日

彥良馳歲伏信子便軍官到彥州境故云也二十四

可言便也先來云入箕五日日潘陽便消息多有上測請將來邊上明遲不

信兩使二十八日信使人箕妓知故往欲耀二十九日信

使李之行早發故不得見人云爲故城來自黃城發於夕宿守

和五月十三日胡書投菜中帳內奴兩騎二十餘核後初九日連城

近慮云乃胡書投菜待之役云二十四月桑書胡之初八日於中路蔘

城牧敎文來無使下送蔘書待事回報耶云如之横云黃六月沈浩初七日醫黃州

下朝廷聞備撤于兄藩待有云流窵之橫云黃六月沈浩初七日醫黃州

興待會伯安汝愚之行李智定州配而尚尸崔到別將等云同故還舍來巖

壯巖遺集卷之二

48

영인자료

〈북행일기北行日記〉

《장암유집》 권2, 국립중앙도서관 소장

여기서부터 영인본을 인쇄한 부분입니다. 이 부분부터 보시기 바랍니다.

역주자 신해진(申海鎭)

　　　경북 의성 출생
　　　고려대학교 국어국문학과 및 동대학원 석·박사과정 졸업(문학박사)
　　　전남대학교 제23회 용봉학술상(2019)
　　　현재 전남대학교 인문대학 국어국문학과 교수
　　　BK21플러스 지역어 기반 문화가치 창출 인재양성 사업단장

　　　저역서 『심행일기』(보고사, 2020)
　　　　　　『요해단충록 (1)~(8)』(보고사, 2019, 2020)
　　　　　　『무요부초건주이추왕고소략』(역락, 2018)
　　　　　　『건주기정도기』(보고사, 2017)
　　　　　　『심양왕환일기』(보고사, 2014)
　　　　　　『심양사행일기』(보고사, 2013)
　　　　　　이외 다수의 저역서와 논문

북행일기北行日記

2020년 6월 9일 초판 1쇄 펴냄

지은이 羅德憲
역주자 申海鎭
펴낸이 김흥국
펴낸곳 도서출판 보고사

책임편집 이경민
표지디자인 손정자

등록 1990년 12월 13일 제6-0429호
주소 경기도 파주시 회동길 337-15 보고사 2층
전화 031-955-9797(대표)
　　　02-922-5120~1(편집), 02-922-2246(영업)
팩스 02-922-6990
메일 kanapub3@naver.com/bogosabooks@naver.com
http://www.bogosabooks.co.kr

ISBN 979-11-6587-060-7　93910
ⓒ 신해진, 2020

정가 15,000원